ASHIMOTO
ENGINEERING

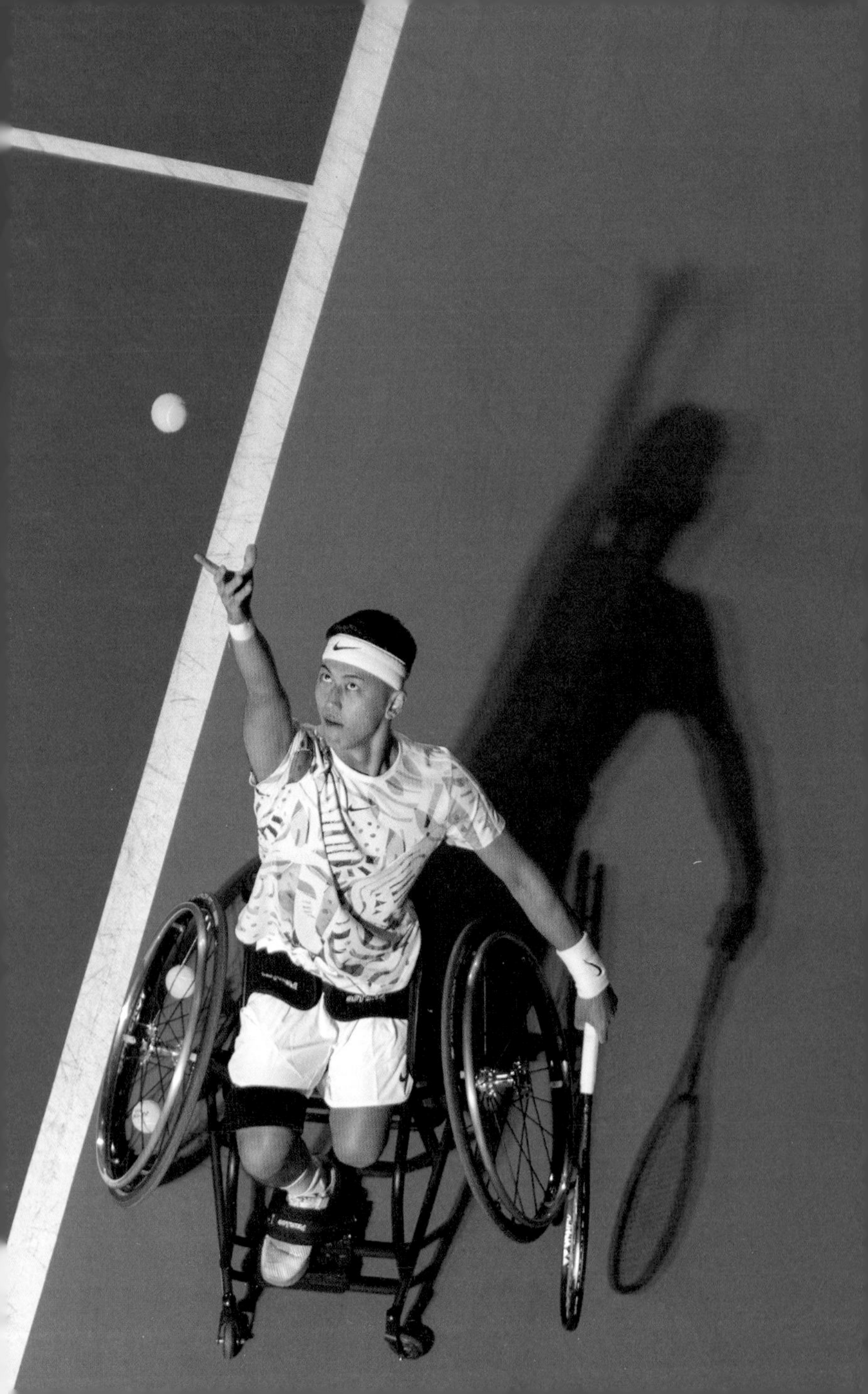

ASHIMOTO
ENGINEERING

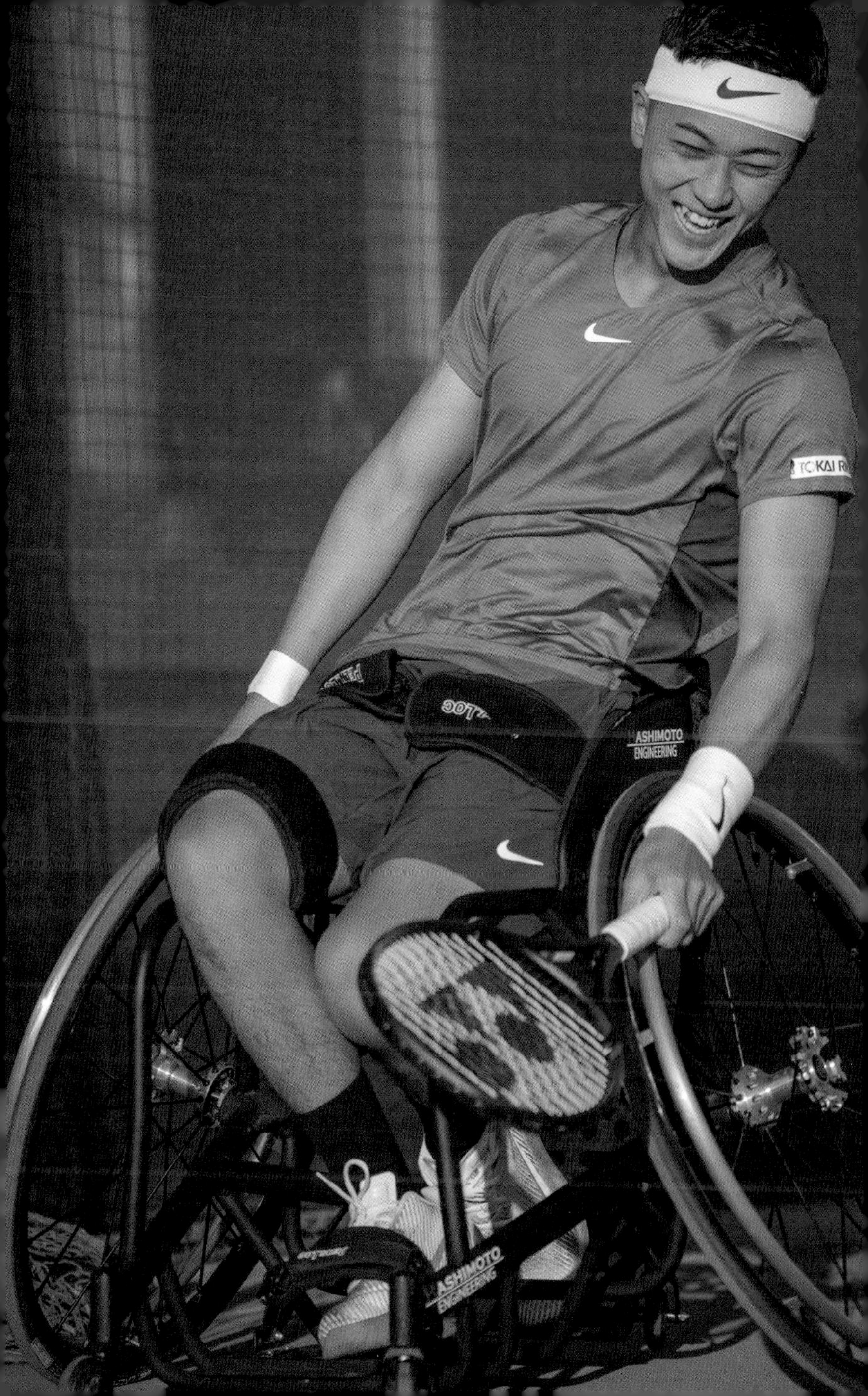

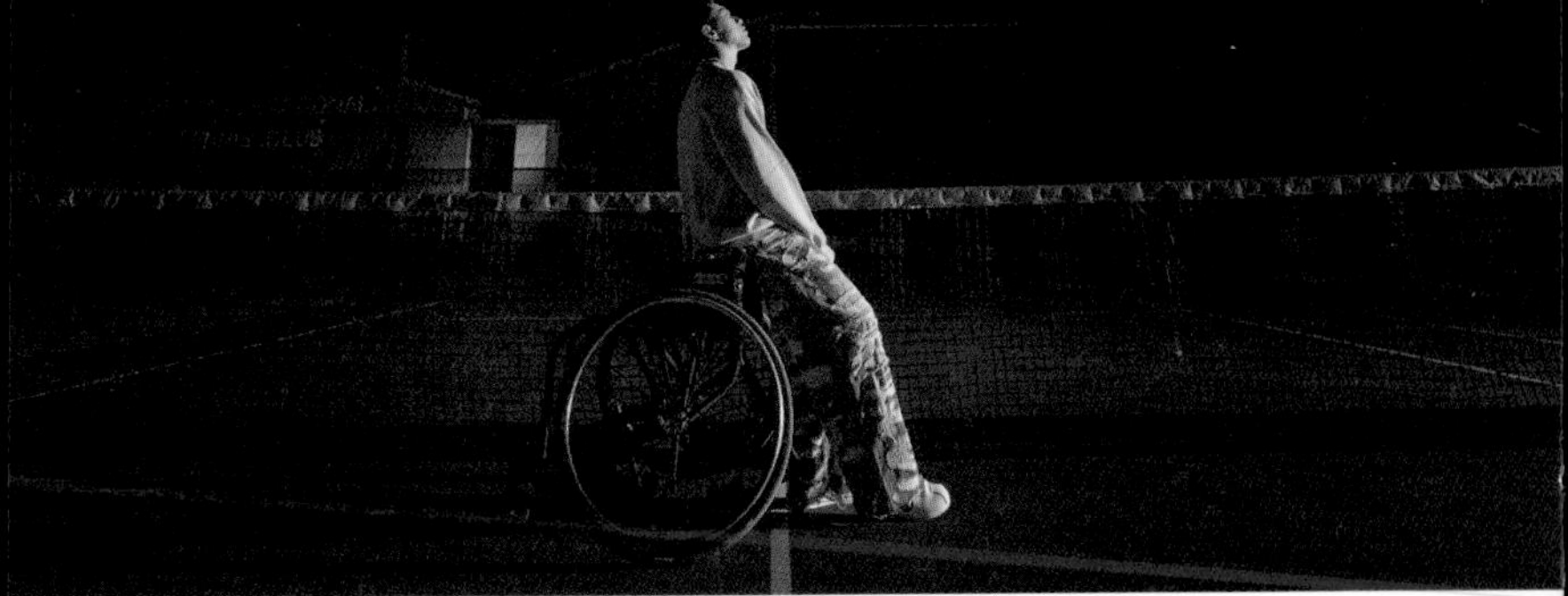

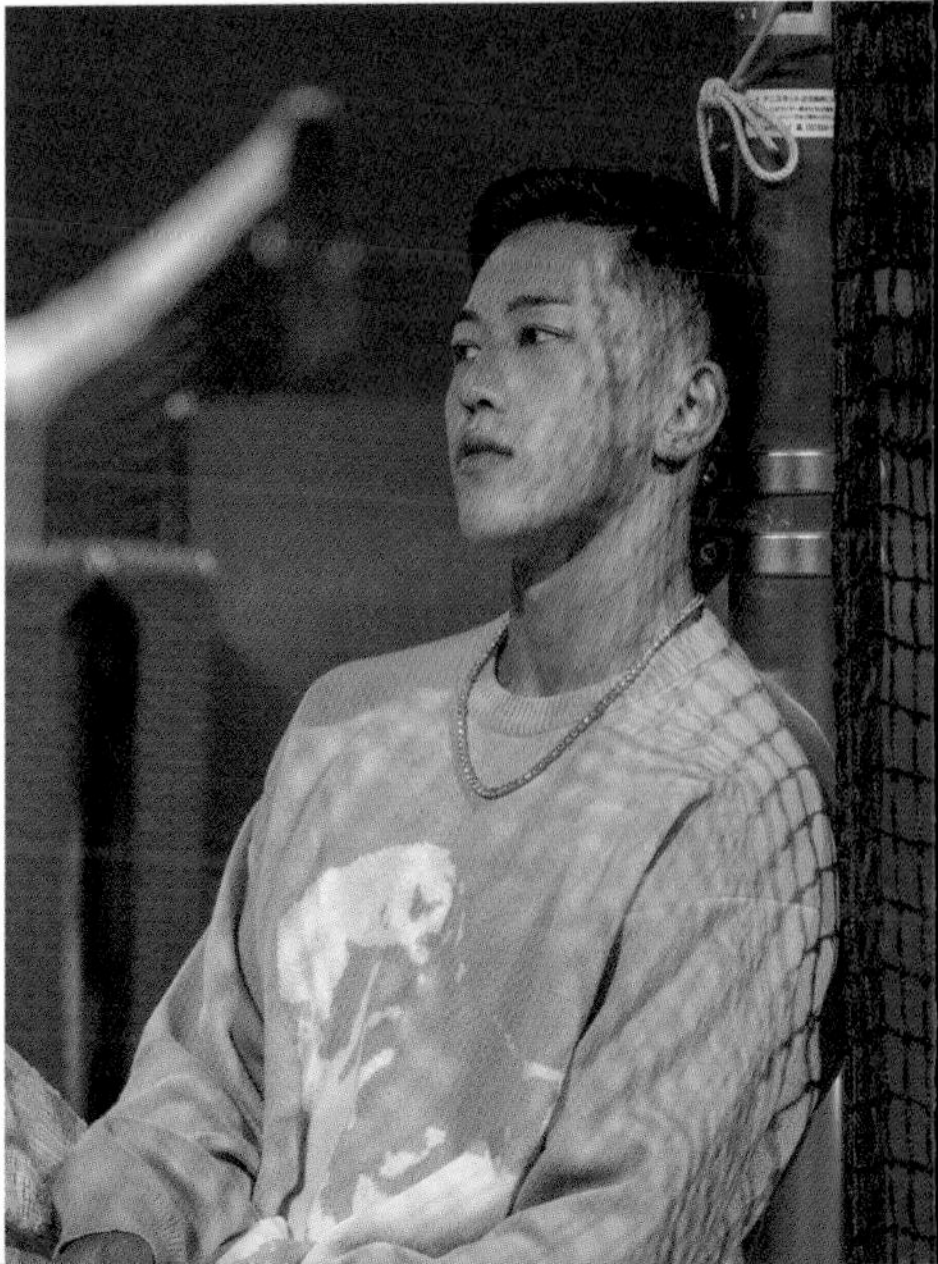

小田凱人プロフィール

Tokito Oda

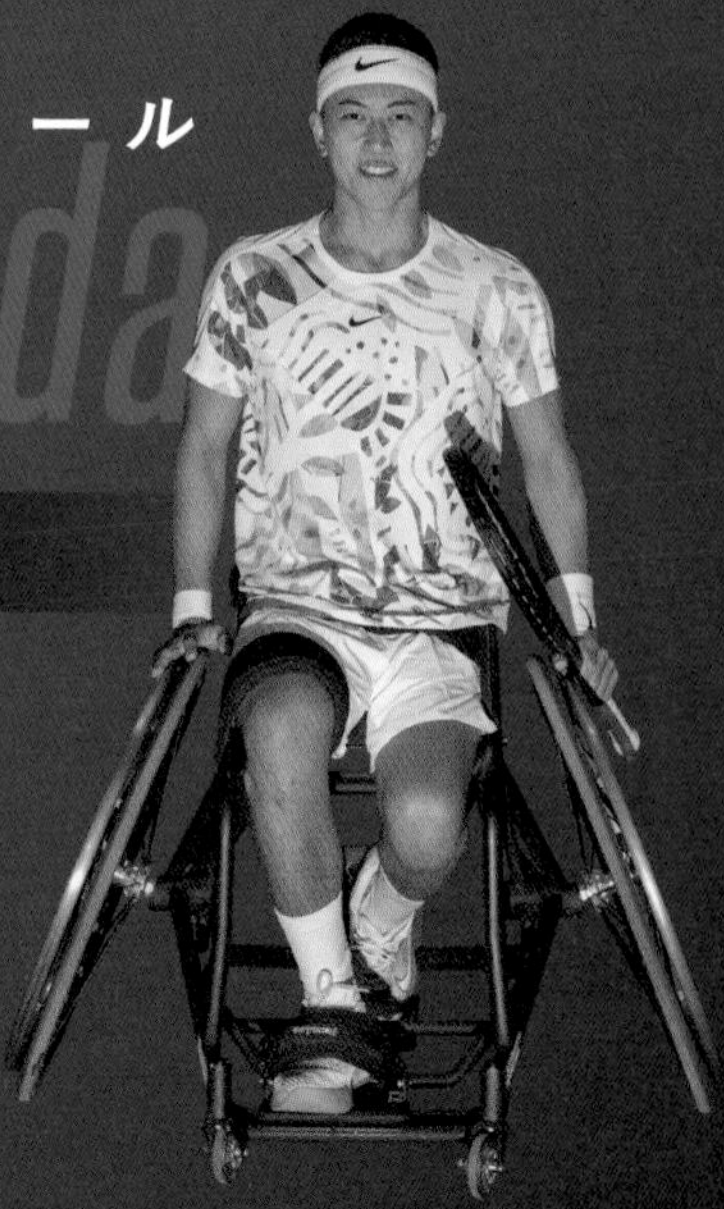

Profile

名前——小田凱人（おだ・ときと）

生年月日（年齢）——2006年5月8日（18歳）

出身地——愛知県一宮市

身長——175㎝

体重——65kg

利き腕——左利き、シングルバックハンド

得意サーフェス——クレー

性格——真面目なバカ

趣味——絵、ギター、カラオケ

休日の過ごし方——昼過ぎに起き、お香をたきながら音楽を聴いたり、絵を描いたりする

トレードマーク——ハチマキ

Favorites

音楽——ヒップ・ホップ、ロック

映画——スクール・オブ・ロック

アニメ、漫画——キャプテン翼

教科——美術、音楽

色——透明

食べ物——うなぎ、牛タン

ブランド——NIKE、DIOR

言葉——美学

Player Equipment

YONEX EZONE

NIKE AIR ZOOM VAPOR11

NIKE COURT DRI-FIT

HASHIMOTO ENGINEERING

Player Data

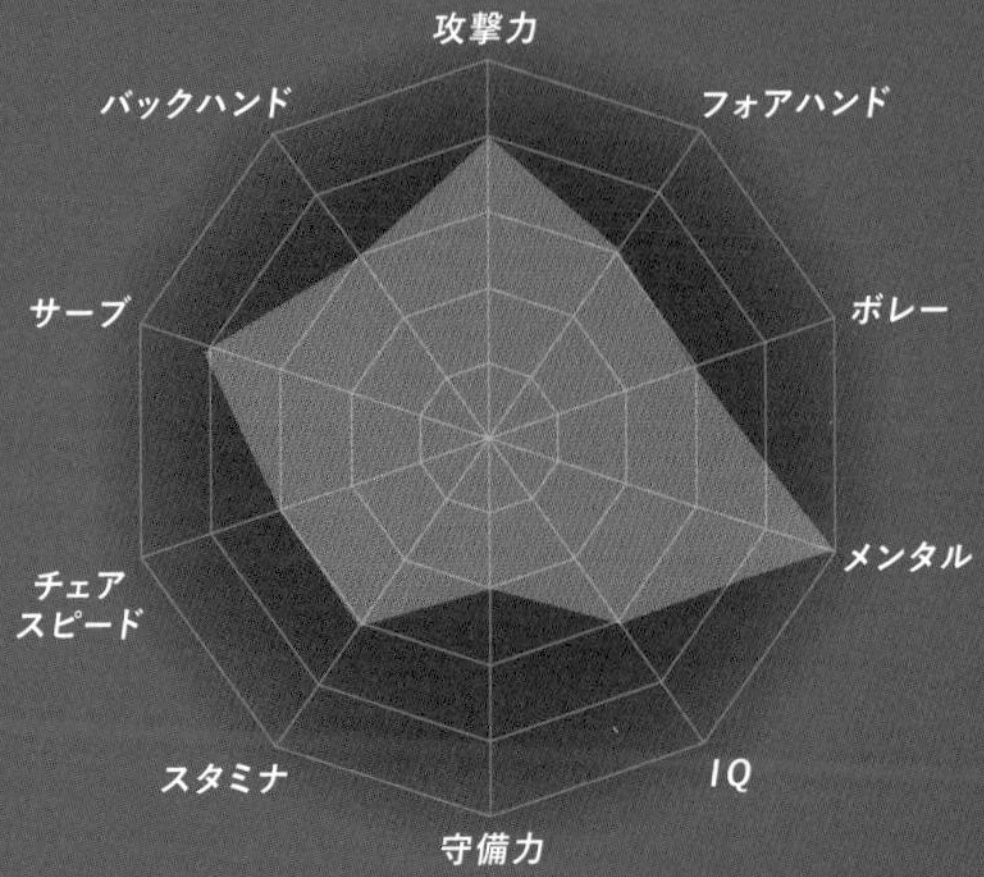

Personal Data

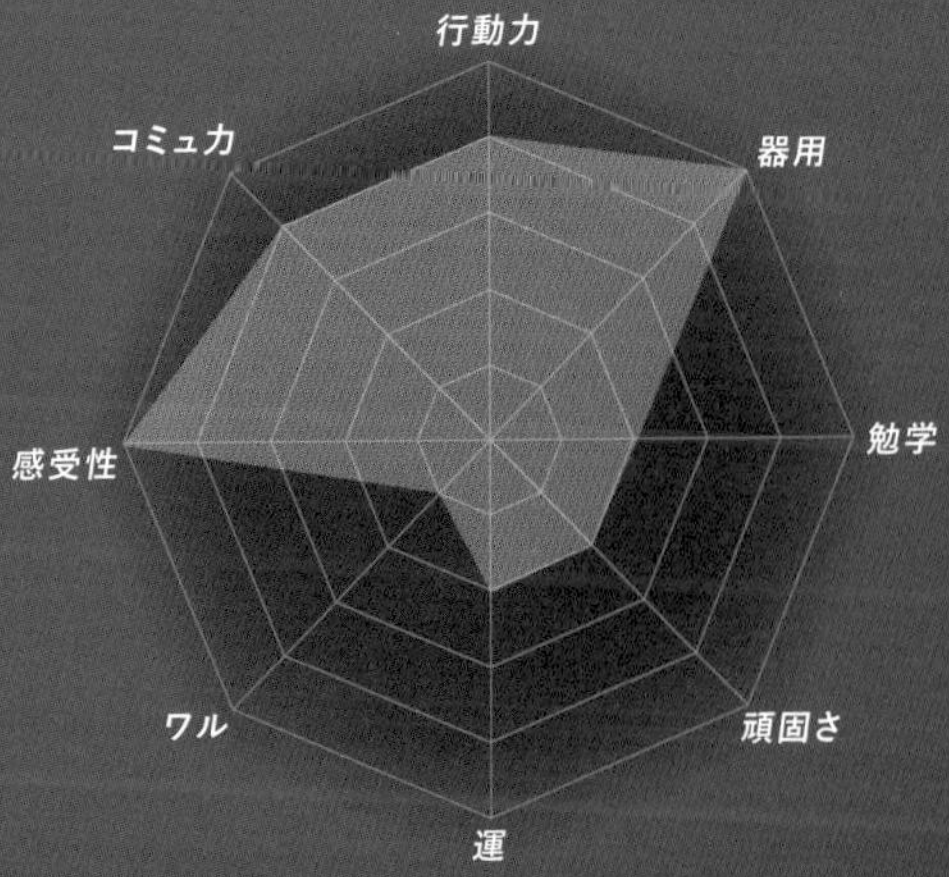

小田凱人の
トレーニングに密着！

普段どんなトレーニングを行っているのだろうか。フォアハンド、バックハンド、サーブ練習の他、機動力・瞬発力《しゅんぱつりょく》の要となる「チェアワーク」など、車いすテニスならではの練習風景を紹介！

❶ウォームアップ＆ストレッチ

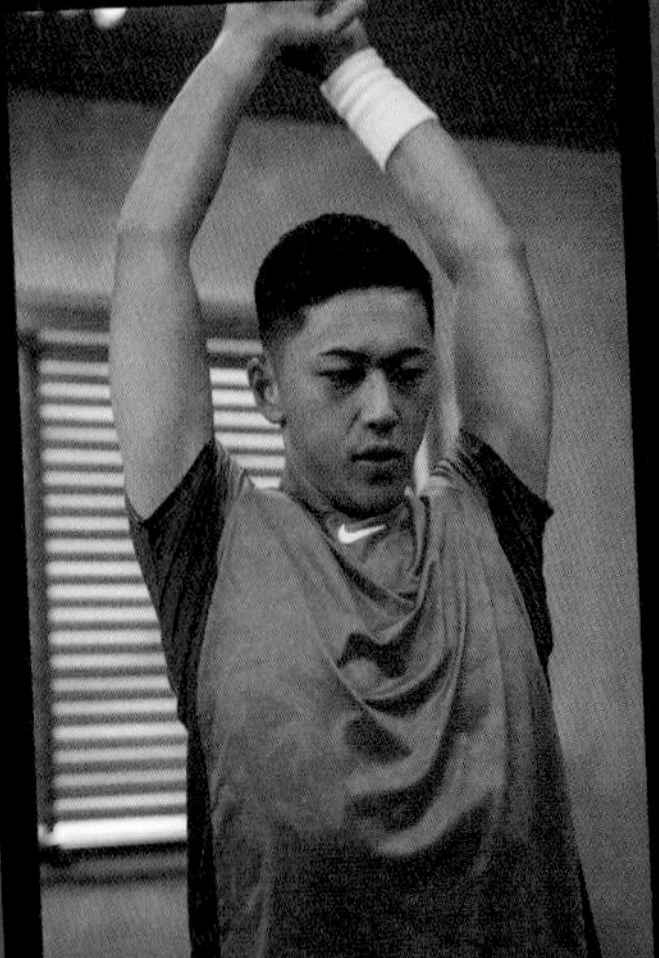

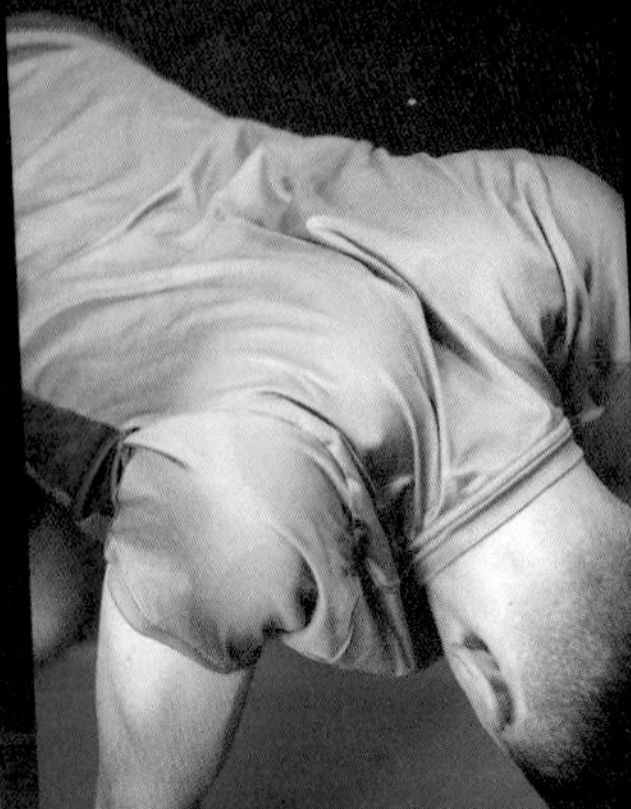

身体の怪我《けが》や故障は、選手生命にかかわる重大なこと。そのため、練習を始める前のウォームアップやストレッチは、30分ほど時間をかけてじっくりと行う。車いすテニスで鍛《きた》え上げた、屈強《くっきょう》な上半身にも注目だ。

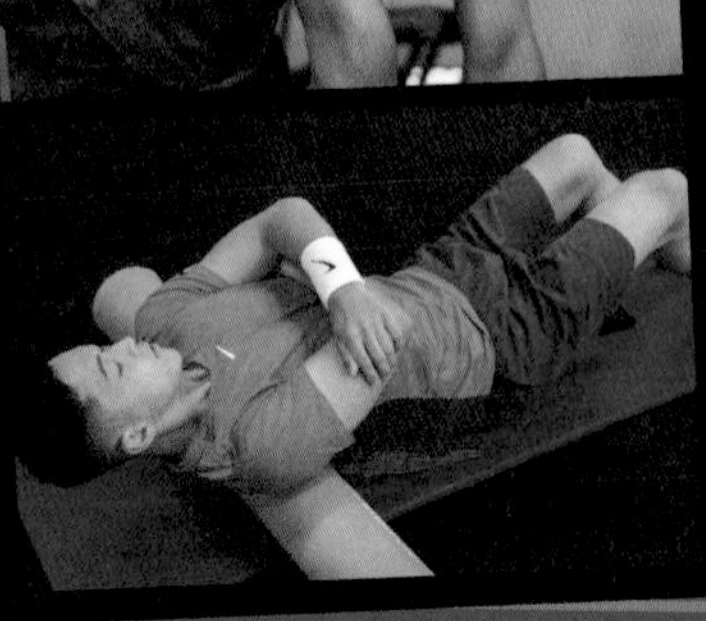

2 チェアワーク／体幹

車いすテニスはフットワークではなく、車いすのコントロール力、つまり「チェアワーク」が重要となる。トレーニングでは、ゴムチューブを車いすにくくりつけ、後ろから引っ張られながらダッシュをしたり、1〜2kgほどあるボールを使い、上半身のひねり戻しだけでキャッチボールする。このように、瞬発力や機動力を高めるために、上半身をいかに強くするかが大切なのだ。

3 サーブ

テニスの試合はまず、サーブからスタートする。つまり、威力《いりょく》のあるショットを打てるかが、その後の展開を左右するのだ。球種は主に3つある。相手の顔の位置よりはるか高くバウンドする「スピンサーブ」。低いバウンドで横に流れるように曲がる「スライスサーブ」。スピードとパワー重視の「フラットサーブ」。これらを打ち分け、ゲームメークのきっかけとするのだ。

❹ストローク

ラケットでボールを打つことを「ストローク」といい、利き腕側で打つことを「フォアハンド・ストローク」、利き腕と反対側で打つことを「バックハンド・ストローク」という。試合ではストロークが勝負の鍵を握る。コースを狙《ねら》って打つことで相手を揺さぶり、体力を削らせ、プレッシャーを与えるのだ。小田凱人の得意なショットはフォアハンド。高く跳ね上がる強烈なスピンボールは、相手にとって非常に打ち返しにくいのだ。

Tokito Oda

年	年齢	主な出来事
2006年5月8日	0歳	愛知県一宮市で生まれる。
2013年4月	6歳	父のすすめで、地元のサッカースクールに所属。
2015年6月10日	9歳	左脚股関節の骨肉腫と診断される。その後、左脚の骨頭と大腿骨の一部を切除する手術を行う。
2016年1月		医師の紹介で「車いすテニス」と出合い、お年玉でラケットを買う。
2016年3月		9か月に及ぶ抗がん剤治療を経て、退院。
2016年4月		テニスクラブに所属し、本格的に車いすテニスを開始する。
2016年8月	10歳	神奈川県厚木市で開催された車いすテニス大会で初めての試合に出場する。
2017年4月		兵庫県神戸市で開催された「DUNLOP KOBE OPEN」に併設されているジュニア大会で、国枝慎吾選手と初めて対面する。
2017年12月	11歳	右肺にガンの転移が発覚する。抗がん剤治療を3か月行う。
2020年2月	13歳	18歳以下世界 No.1を決める「世界ジュニアマスターズ」で単複ともに優勝する。13歳8か月25日での優勝は世界最年少記録。
2020年4月		二度目の肺転移(左肺)が発覚。摘出手術を行う。
2021年4月	14歳	世界ジュニアランキング1位を達成。14歳11か月18日での達成は世界最年少記録。
2021年12月	15歳	日本人初となる、「ITF車いすテニスジュニアオブザイヤー2021」を受賞。
2022年3月		「BNP PARIBAS WORLD TEAM CUP」男子カテゴリ日本代表選出。15歳10か月での選出は国内最年少記録。
2022年4月		史上最年少プロ宣言。
2022年5月		「BNP PARIBAS WORLD TEAM CUP」男子カテゴリ出場。15歳11か月24日での出場は国内最年少記録。
2022年10月	16歳	日本国内で開催される国際大会の「楽天・ジャパン・オープン・テニス・チャンピオンシップス」準優勝。決勝戦は国枝慎吾選手と対戦。
2022年11月		世界シニアランキング上位 8 名のみが出場できる、年間チャンピオン決定戦「NEC WHEELCHAIR SINGLES MASTERS」で優勝。大会史上最年少出場と優勝を同時に達成する。
2023年1月		四大大会の一つ、全豪オープンで準優勝。
2023年6月	17歳	四大大会の一つ、全仏オープンで初優勝。17歳33日での達成は、大会史上最年少と、グランドスラム史上最年少記録(いずれも男子)。同時に、ギネス世界記録に認定される。
		世界ランキング1位を達成。17歳35日での達成は史上最年少として、ギネス世界記録に認定される。
2023年7月		四大大会の一つ、全英オープン(ウィンブルドン)初優勝。17歳69日での達成は史上最年少記録。同時に、ギネス世界記録に認定される。
2023年8月		ニューズウィーク日本版2023「世界が尊敬する日本人100」に選出。
		Forbes JAPAN 30 UNDER 30 2023 受賞。
2023年10月		日本国内で開催される国際大会の「木下グループジャパンオープンテニスチャンピオンシップス」で初優勝。
2024年1月		全豪オープンで初優勝。生涯グランドスラムに王手。

2024年5月現在

STAFF

ブックデザイン／原田恵都子（Harada+Harada）

構成・DTP／城崎尉成（思机舎）

カバー写真／深澤俊樹（RawLight）

本文写真／渡邉岳生

深澤俊樹（RawLight）

本文イラスト／齋藤光

著者提供写真／P20、P95、P102、P146下、P151、P155

協力／一般社団法人トップアスリートグループ

岐阜インターナショナルテニスクラブ

ヨネックス株式会社

株式会社ナイキジャパン

橋本エンジニアリング株式会社

校正／鷗来堂

営業／近部公子（KADOKAWA）

制作／武田惟（KADOKAWA）

編集／宮本京佳（KADOKAWA）

はじめに

左脚のつけ根が、なんかおかしい……。

最初はそんな小さい違和感《いわかん》だった。小学2年生から3年生に上がるくらいのころだ。

「サッカーボールの蹴《け》りすぎで、ちょっと痛めたのかな」

「走り込みのしすぎで、疲れがたまったのかな」

僕はかつて、プロのサッカー選手を目指していた。6歳のとき近所のサッカースクールに所属して以来、どんどんのめり込んでいった。コーチからも「**筋《すじ》がいい**」「**才能がある**」と一目置《いちもくお》いていただいたことも、好きになっていった理由の一つだ。

だから**脚に感じた小さな違和感も、選手として成長するために必要な〝試練〟**くらいにしか思っていなかった。

……が、ほどなくして転機はおとずれる。

小さかったはずの違和感は、やがて**痛みへと変わり、確実に僕を苦しめていった**。原因はまだわからない。湿布《しっぷ》を貼る、ストレッチをする、接骨院に通うなどでごまかしていたが、痛みはいよいよひどくなっていく。しかも、**日に日におとろえていくキック力**を目《ま》の当《あ》たりにして、不安と焦《あせ》りもつのる。

「これはなにかがおかしい」

「でも病院には行きたくない！」

じつは当時、**サッカー以外でもう一つ、どうしても無理をしなければならない理由**があった。それは3年生の春に行われる**運動会のリレー走**だ。僕にとって運動会は1、2位を争うくらい大好きな学校行事で、そのうえリレーは**第一走者**を任されていた。

「仲間に、良いバトンをつなぎたい！」。そんな思いで、無理をして運動会に臨《のぞ》んだ。

しかし結果は、3着でバトンをつなぐことになった。悔《くや》しい……。けれども、すでに**脚は、ほとんど上がらない状態**だった。

そしてついに観念し、医者の検査を受けることとなる。

8歳ごろの小田凱人。
親のすすめで始めたサッカーに
どんどんのめり込み、
将来はプロサッカー選手を
目指していた。

２０１５年6月10日、僕は「骨肉腫《こつにくしゅ》」と診断された。簡単にいうと、**骨のガン**。当時、9歳だった。即入院となり、まもなく、摘出《てきしゅつ》手術が行われる。手術では、**左脚の骨頭《こっとう》**（太ももの上端にある丸い骨）**と大腿骨《だいたいこつ》**（股関節から膝《ひざ》までの太ももの骨）**の一部を切除**した。そう、この瞬間に僕は「**障がい者**」となったのだ。

術後も闘病《とうびょう》は続く。**9か月間の入院中、17回に及ぶ抗《こう》がん剤《ざい》治療《ちりょう》**を行った。

闘病中は抗がん剤治療の他に、**足腰《あしこし》のリハビリ**も行う。簡単なトレーニングではなかったが、「サッカーのためなら」と思えば自然とやる気もわいてくる。

そうして訓練の日々は続いた。だが、いくら励《はげ》んでも昔のようには動けない。「**サッカーはもう、無理だろうな……**」。そんな、諦《あきら》めとも覚悟ともいえない複雑な思いを抱くようになったころ、**病院の先生がとある動画**を観せてくれた。

そこには、**選手がテニスコート上を車いすで駆《か》け回り、必死にボールに食らいついていく**映像が流れている。僕はすぐに心を奪《うば》われた。

「**僕はこれがやりたい！　車いすテニスで世界一になる！**」

そして2016年3月、僕は長い闘病生活を終え、退院を迎える。そのころには僕の夢は、白黒の大きなボールから黄色い小さなボールへ移り変わっていた。

——僕は今、18歳。**プロの車いすテニスプレーヤー**である。「**世界四大大会**[※1]（グラン

※1 国際テニス連盟（ITF）が定める、最高峰の大会。オーストラリア、フランス、イギリス、アメリカで開催され、1年に各1回ずつ行われる。四大大会を総称して「グランドスラム」とも呼ぶ。

ドスラム)」のうち、全豪《ぜんごう》オープン(オーストラリア)、全仏《ぜんふつ》オープン(フランス)、全英《ぜんえい》オープン(イギリス)の**3つを制した。世界ランキング1位**の座にもついた。そしてありがたいことに、**メディアで取り上げていただく機会**も一気に増えた。

9歳のときに描いた世界が、次々と叶《かな》っていく状況に自分自身でもある種《しゅ》、信じられないところがある。けれどもその出来事一つひとつをつぶさに観察すると、そこにはれっきとした「理由」があることもわかった。

本書は、その「理由」を解き明かすものだ。

・大病を患《わずら》ったのに、なぜポジティブでいられたのか?
・なぜテニスの才能に目覚め、上達したのか?
・厳しい世界で、勝ち続けられる理由は?
・負けを味わったときは、どんなことを考えるか?
・プロの世界で、「楽しさ」を維持し続ける秘訣《ひけつ》は?

9歳のときに初めて買った
ジュニア用のラケット。
選んだ基準は「かっこよさ重視」
というのが小田凱人らしい。
この価値観は、プロとして頂点に立った
今でもブレずに貫《つらぬ》いている。

勝負の世界は、「逆境」の連続である。ライバルとの相性、周囲の期待とプレッシャー、体調やメンタルの管理……挙げ出すとキリがないが、僕はこれら一つひとつに対する「処世術《しょせいじゅつ》」を持っている。

そして、**「僕が僕である理由」を解き明かした先に、「夢を最速で手に入れる奥義《おうぎ》」がある**のではないかと思っている。

もし今、なにかの夢に向かっている最中で行き詰っていることがあれば、ぜひ本書を参考にして、より力強く突き進んでいただければ幸いだ。

プロ車いすテニスプレーヤー
小田凱人

はじめに 018

Chapter 1
自分を愛そう
好きと好奇心が、夢への第一歩

「好奇心」を育てよう 030
自分に期待しなくていい 037
他者との「ズレ」は「個性」になる 041
「普通」からはみ出していこう 047
「小さな幸せ」を集めよう 051
相手を傷つけない 057

Chapter 2
がんばらない
根性論をやめれば、「個性」はどんどん光る

自分だけの「やりたいこと」を見つけよう 062
「やりたいこと」を爆発させよう 068
「楽しい」の追求が、成長の奥義だ 074
オタクは最強だ 077
寄り道を忘れない 082
あえてスリルを求めよう 086

Chapter 3

「負け」は負けじゃない

誰かのせいにしないための勝負の心得

完敗で学んだ、「貫き通す」精神 092
「批判」は、世間からの「勲章《くんしょう》」である 097
新しいものを受け入れて、古いものを手放す 100

Chapter 4

空気は読まない

よい子だけではだめ。「わがままな自分」をさらけ出す

物事は多面的に見よう 104
ほんとうは、人の目が気になる性格 107
「孤独」を手なずけよう 112
「仲間」への恩返しを忘れない 116
勇気を出して「意地悪」になれ 122
僕だけのルーティン 126
異なれ 135
「もう一人の自分」に相談しよう 140
「まあいっか」の極意 148

Chapter 5

「なりたい自分」は決まったか

今と未来のイメトレで、ゴールに一直線

「集中力のスイッチ」を入れろ 159

ヒーローになりたい 164

「国枝さん」と「憧れ」 171

「ブラックな自分」を持とう 176

これからも、ドリーマー 181

凱人へ――お母さんからの手紙 184

おわりに 190

Chapter 1

自分を愛そう

好きと好奇心が、夢への第一歩

「好奇心」を育てよう

あなたは今、なにか夢を持っているだろうか？

その夢に向かって今、走り出そうとしているだろうか？　あるいは、今まさに走り続けている真っ最中だろうか？

僕は、プロ車いすテニスプレーヤーとして国内だけでなく、海外にも渡って強豪《きょうごう》と戦い続けているところだ。２０２４年現在では、グランドスラムと呼ばれる**世界四大大会のうち3大会を制覇《せいは》**することができた。そして、**男子車いすテニスの世界ランキングで1位**を獲《と》った。ちなみに17歳でのランキング1位というのは、史上最年少記録で、ギネス世界記録にも認定された。

車いすテニスプレーヤーになりたいと思い描いてから9年。ついにここまでたどり着くことができた。

――でも、**まだ満足はしていない。**

僕は、ときどき思うことがある。こうして今、描いていた夢がつかめるようになったのに、**なぜ車いすテニスのことがますます好きになる**のだろう、と。**僕を前へ前へと「突き動かすもの」は一体なんだろう？**　と。

そこで、原体験にさかのぼってみることにした。

9歳のときに患った骨肉腫。手術によって、僕は左脚が不自由になった。

厳しいリハビリも続けたが、思うように動かない。「ああ、これはもう元には戻らないだろうな」。子ども心にそんな感情を抱いたことを覚えている。

そんなとき、入院していた病院の先生から「車いすテニスというスポーツがあるんだよ」と教わった。動画を観せてもらったとき、あまりのかっこよさに僕は衝撃を受けた。車いすテニスに対する、熱い感情が一気にあふれてきた。

「かっこいい！」
「ボールを打ちたい！」
「車いすに乗りたい！」
「コートを走りたい！」

そして、初めてのラケットを買い、今日までただひたすらテニスに明け暮れてきた。練習を休む日は体調を崩したときか、雨天のときくらいのものだ。

こうして振り返ってみると、テニスに出合ったときにあふれてきた感情は、今もまったく消えていない。そう、これが**僕を前へ前へと動かす原動力**なのだろう。一言で表すなら、それは「**好奇心**」だ。

思えば車いすテニスには、人から指図されて取り組んだことは一度もない。「早く明日のトレーニングがしたい！」そんな前のめりの感情で続けてきた。

前へ前へと突き動かす原動力はテニスへの「好奇心」である。
それは昔も今も変わらず、小田凱人の「核」として存在する。

好奇心について、もう少し具体的に掘り下げてみよう。
「やりたい！」という衝動を確かめるには、**自分自身の心に問いかけてみる**とよくわかる。それは、楽しくて、もっと欲しがっている、という心の状態だ。そして、その感情がずっと続いているかどうか。つまり、**夢を描いた日から今日まで、好奇心がすくすく育っているかが大事**なのだ。

僕はこの好奇心を自分の「核《コア》」として中心にすえて、車いすテニスに取り組んできた。

好奇心という名の「種」がまかれて、楽しく取り組んでいるうちにさまざまな感情が芽生《めば》えていったイメージだ。

たとえば

好奇心：車いすテニスはかっこいい
├探求：自分もやってみたい
├技術：もっとうまくなりたい
├冒険：試合に出てみたい
├─勝負：誰にも負けたくない
├─メンタル：情熱的に挑む
└─成績：優勝やタイトルを獲りたい

やりたいことを極《きわ》めるとは、単に技術だけ向上すればいいというわけではない。

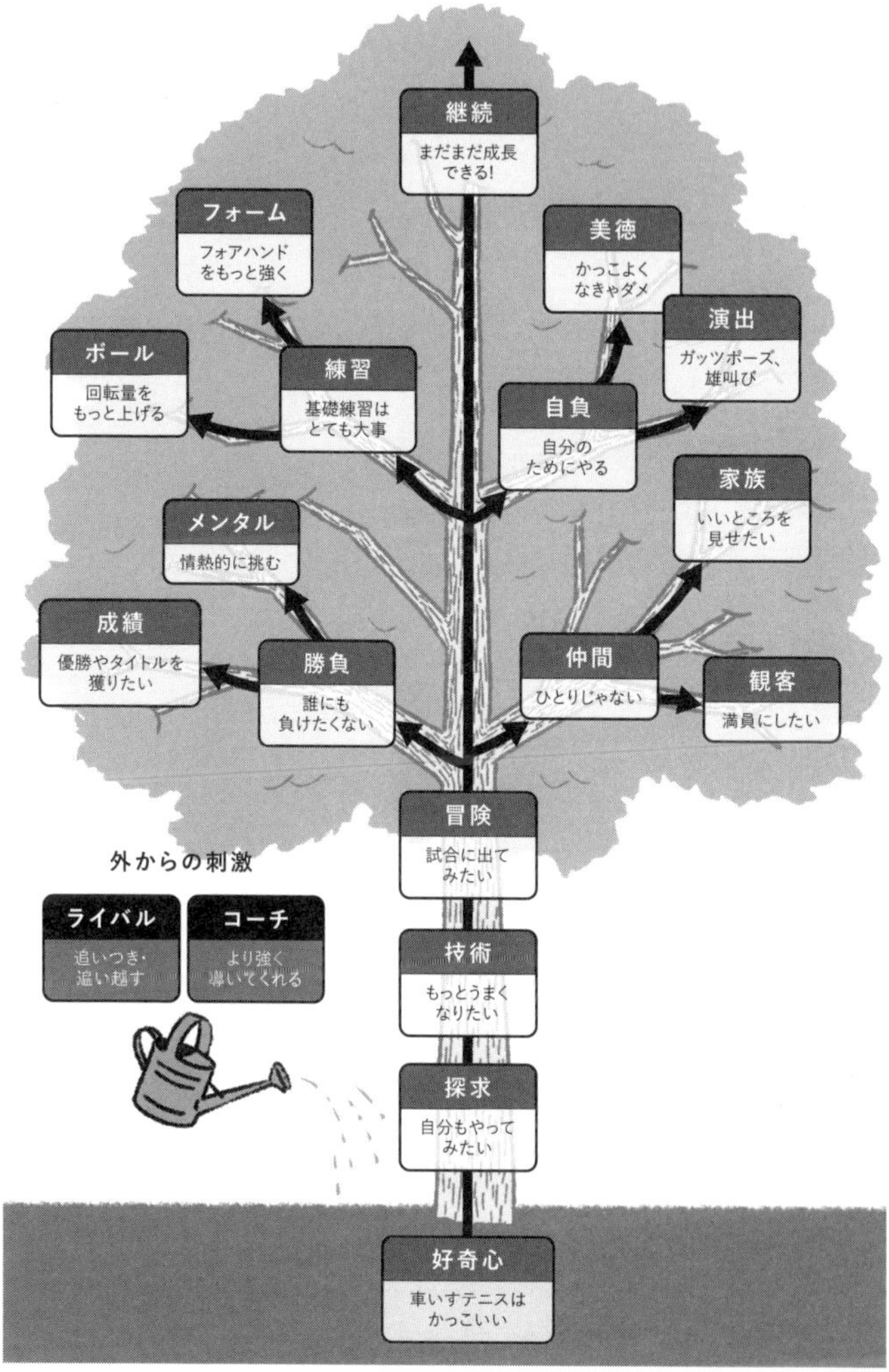
継続
まだまだ成長できる!
フォーム
フォアハンドをもっと強く
美徳
かっこよくなきゃダメ
ボール
回転量をもっと上げる
練習
基礎練習はとても大事
演出
ガッツポーズ、雄叫び
自負
自分のためにやる
家族
いいところを見せたい
メンタル
情熱的に挑む
成績
優勝やタイトルを獲りたい
勝負
誰にも負けたくない
仲間
ひとりじゃない
観客
満員にしたい
冒険
試合に出てみたい
外からの刺激
ライバル
追いつき・追い越す
コーチ
より強く導いてくれる
技術
もっとうまくなりたい
探求
自分もやってみたい
好奇心
車いすテニスはかっこいい

上達してステージが上がれば、関わる方や事柄も増える。家族、友人、コーチ、スポンサー、大会の運営、ファン……。次第に「自分のため」だけではなく、「誰かのため」という未知の世界が広がることもある。するとますます、やりたいこと（やるべきこと）が増えてくる。そうして僕は今も好奇心を持ち続けているのだ。

夢に向かっている方のなかで、前に進む力が弱くて不安な方もいるだろう。そんなときは、前ページ図のように**頭のなかで一つずつ紐解《ひもと》いてみる**のもいい。「好奇心」を根底に置いて、いろんな要素を書き出すことで夢と真剣に向き合えるようになる。すると、いろんなモチベーションが見えてくるので、**やりがいや楽しみが次々とわいてくる**のだ。

自分に期待しなくていい

いきなりだが、次のような質問をしたらあなたは何と答えるだろうか？

「自分のことは好きですか？」

突然で、しかも少し気恥ずかしい内容で困ったかもしれない。でも僕ならば、ためらいなくこう答えるだろう。

「大好きです！」と。

この「自分が好き」という感情について、もう少し踏《ふ》み込んでお話ししたいと思う。

たとえば、こんな経験はないだろうか？　勉強や練習のなかで同じ過《あやま》ちを繰り返してしまう、本番や試合などの大事な場面でありえないミスをしてしまう。

そんな思い通りにいかない場面があったとき、あなたは自分自身にどんな言葉をかけているだろうか？


「自分はなんて愚《おろ》かなんだ……」

「つくづく自分が嫌になる……」

「どうしてこんなこともできないのか……」


こんな風に、自分をいたずらに責め立てるような言葉をぶつけているならば、一度立ち止まってほしいと思う。

ちなみに僕は、**自分が嫌いになったという経験はない**。

その理由は、たった一つ。

自分に期待していないからだ。

グランドスラムでの優勝、世界ランキング1位まで獲った人がなにを言っているんだ？ と思われるかもしれない。でもほんとうに、期待はしていない。

なぜなら、**僕はまだ成長の途中**だからだ。

想像してみてほしい。最初から何でもうまくいき、簡単に試合に勝つことができ、今日まで何の苦もなく夢が叶えられたとする。果たしてそれのなにが面白いといえるだろうか。それのどこに美しさがあるのだろうか。

「未完成」の人にとって、「できない」は当たり前。だからそこで自分を嫌いになったり、無闇《むやみ》に責め立てたりするのはおかしな話だと思っている。

テニスの世界では、おおよそ20代半ばくらいで選手としてのピークを迎えるのだが、近年は、その常識が大きくくつがえされている。健常者のテニスのなかで活躍する選手の筆頭《ひっとう》はノバク・ジョコビッチ選手、ラファエル・ナダル選手だ。彼らは僕（18歳）の倍以上の年齢なのだが、歳を重ねるごとに強さと存在感を高めている。若い世代が現れて、新しい戦術で挑まれたとしても、しっかりと対応してその座を譲《ゆず》らない。

そういう先輩たちの活躍を見ていると、**人はいくつになっても成長するんだ**と気づかせてくれるのだ。

僕は自分に期待していないので、夢さえ叶うならば、ちょっとした災難（不安に襲《おそ》われる、なかなか成功しない、小さな怪我など）が降りかかったとしても「これくらいが、今の自分にはちょうどいい」と軽く受け流している。

ただし、「夢を叶える」ことには人一倍こだわっている。これだけは譲れないと思っていること以外は「どうでもいい」と受け流せば、なにが起きても自分に失望することはない。それは自分を大切にすることにもつながってくるのだと思っている。

「自分が好き」というのは、「自分をもっと大切にしましょう」という意味も込めて「好き」なのである。

他者との「ズレ」は「個性」になる

僕の家は、他と比べて少し変わっている。例を挙げてみよう。

・テレビがない
・部屋の壁が赤
・トイレの壁が紫
・家のあちこちに時計がある（今パッと思いつくだけでも5つある）。……しかもどれも時間が合っていない（笑）
・自転車が、5台も6台もある
・部屋に仕切りがないので、常に、誰がどこにいるかが丸わかり
・玄関からリビングまでは、土足で入れる

と、このように、人も物もツッコミどころ満載だ。一言で表すと「自由な家」である。小さなころは、大して気にもしていなかったのだが、あるときから「僕の家は、ちょっと変だぞ」と感じるようになった。そのきっかけは、友達の家へ遊びに行くようになったことだ。当たり前なのだが友達の家は、土足で家に上がることもないし、時計の数もほどほどだし、部屋もきちんと仕切られている。このように、**自分を誰かと比べたときに、他者とのズレを意識し始める**のだ。

「あれ、僕って少しズレている？」

このように、誰かと比較をすることで起こる違和感は、環境に限ったことではない。友人たちと付き合うなかで感じることはいくらでもある。

・友達との会話がうまくかみ合わない
・テレビがないから話についていけない

こうしたちょっとしたズレが積み重なってきたとき、**僕って「普通」じゃないのかな?**と不安を感じる気持ちも大きくなっていくのだろう。

読者のなかにも、こういった出来事に直面したとき、みんなについていけずに寂《さび》しい、辛《つら》い、輪に入れない、といった孤独の感情に押しつぶされそうになる方がいるかもしれない。

ただし僕が幸せだったのは、それらのズレをネガティブに捉《とら》えなかったこと。これは間違いなく、家の環境がそうさせてくれている。不思議で、ナゾだらけだった僕の家は、見方を変えれば「見どころ」がたくさんある家なのだ。飽《あ》きることがない。

だから、僕は「心が豊か」になったと思う。

家にいるだけで、感受性が磨《みが》かれた。誰かとズレていても**「別にいいじゃないか」「いろんな人がいていいいんだ」と、ズレをズレのままにしておく**ことにした。

やがて僕は、アスリートとして世界に出る機会が増えた。驚いたのは、**世界で活躍している方ほど「みんな個性的」**なのだ。友達同士で感じるズレなんて比較にならないくらい個性豊かで、他人に合わせることなどもってのほか。**同じ競技でも、それぞれのやり方を突き通し、自由にプレー**しているのだ。

いや、より正確にいうならば、僕がズレだと思っていたものは、ズレではなかった。なにかを成しとげている方、誰よりも輝《かがや》いている方たちには、**その方にしかない「魅力」**があるんだと知った。

ちなみに僕はアスリートとしてだけではなく、「エンターテイナー」というキャラクターも個性として大事にしている。試合でポイントを獲ったとき、ガッツポーズをとり大きな声で吠《ほ》えるのは、自分を奮《ふる》い立たせるために始めたパフォーマンスだ。

それから、試合に勝ったときにラケットをギターに見立て、「ジャーン」と弾《ひ》くポーズをするのだが、これは応援してくれた観客と喜びを分かち合うためのセレブレーションだ。

このように、**誰もやらないことをすることで、僕は「人と違う」ことを自《みずか》ら進んで行っている。**

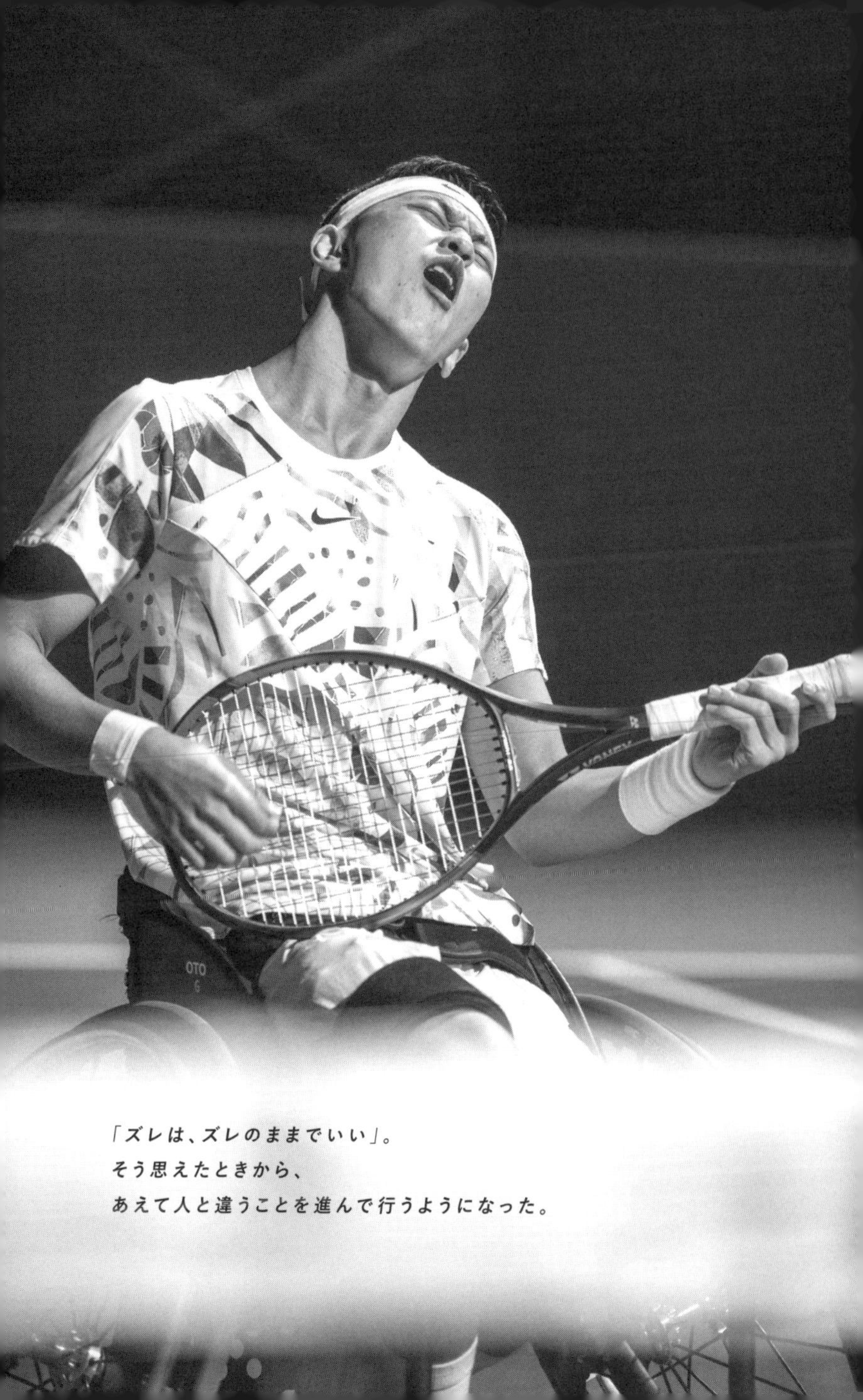

「ズレは、ズレのままでいい」。
そう思えたときから、
あえて人と違うことを進んで行うようになった。

ところで僕は以前、とんねるずの木梨憲武《きなしのりたけ》さんとテレビでご一緒させていただいたことがある。木梨さんのエンターテイナーとしてのかっこよさは、まさに超一流だった。

現場では、スタッフにも、他のタレントさんと分け隔《へだ》てなく接する。そして、「さあみんな、次はなにしよう⁉」といったように、誰よりもその場を明るく、ポジティブに引っ張っていき、まさに「支配」していた。

その姿を見た僕は、アスリートとしてと同じくらい、いくつになってもエンターテイナーとしてもあり続けたいと強く感化された。

個性的な家で育ったこともあり、**「人と違っていい」という気づきをくれた両親にはほんとうに感謝**している。

……ちょっと笑い話だが、両親たちは今、エンターテイナーとしての姿を見て「アスリートなんだから、もう少し落ち着いてほしい」と思っているようだ。小田家の長男として生まれたからには、それは厳しい話であろう（笑）。

「普通」からはみ出していこう

前項で紹介したように、僕の家はちょっと変わった環境だった。
そのおかげ（?）で今では、いわゆる「普通」の場所に身を置くことで、心地いい気分、安心感、というような感情はわかない身体になってしまった。

では、**「普通とはなにか」**を考えてみたい。あくまで僕個人の考える「普通」とは、次のような場面だと考えている。

学校、バス、電車、公共の場など、みなが一つの「箱」のなかにとどまり、同じ方向に向かおうとするような状態。

つまり、**右向け右、みなで一緒に、足並みそろえて、というような様子**をイメージしている。これを考えたとき、僕はむしろ居心地の悪さすら感じるのだ。

この「普通とはなにか」という想像を通じて、僕は「**普通じゃないって何だろう**」とも考えるようになった。

ひいては、それが「**自分らしさ**」**につながってくる**のだと思う。

僕は、**相手の予想内に収まるのではなく、相手が予想していないような所にいたい**と思っている。それがよくわかる例としては、メディアに出演させていただくときの発言だろう。

「応援ありがとうございます」「次もがんばります」というような、お決まりの言葉だけでは僕自身も満足しないし、もっと自分をさらけ出したいという気持ちが強くなる。だからこそ、あえて少し派手なコメントをすることがあるのだ。

今でも恐縮するのだが、僕はよく、元プロ車いすテニスプレーヤーの**国枝《くにえだ》慎吾《しんご》選手と**

比較されることがある。そして国枝さんについての質問がよく飛んでくる。「小田凱人さんにとって、国枝さんはどんな存在か？」「国枝選手をどう見ていますか？」という風に。

もちろん、車いすテニス選手を目指すきっかけをいただいた方であるから、憧《あこが》れの選手であることは間違いない。心から尊敬《そんけい》しているし、できるならば、一緒に車いすテニス界を盛り上げていきたいと願っている。

だけど、メディアからの質問に対して、そのまま伝えることはあまりしたくない。

むしろ僕は、現役時代の**国枝さんを「倒すべき相手」**と言っていた。

質問した側にとっては、意表を突いた答えだったと思うし、生意気な子どものように映ったかもしれない。「尊敬です」「憧れです」といった予想していたキーワードが出なかったことで、不満があったかもしれない。

しかしこれは**悪意ではなく、リスペクトとしての表現が他の方と違う**ということだ。

これがまさに相手の予想の枠《わく》に収まるのが嫌だ、ということに対する僕なりのアクションである。

僕は、2023年の全仏オープンで優勝したことで世界ランキング1位を獲得した。そこには、「史上最年少記録」という付加価値まで付いてきた。

これは「枠」の話にも通ずるのだが、**過去の記録を破るというのも、「枠」からはみ出すこと**である。新しい記録を樹立《じゅりつ》することで、これまでの**常識を破り、そしてそれがまた新たな常識**（＝普通、当たり前）となるのだ。

だから僕にとって**「普通」や「常識」は、乗っかるものではなく、生み出していくものだ。**周りと同じ流れに身を任せていて、そこから抜きん出る存在になるというのは、僕には到底イメージがわかない。

だからこそ、枠からはみ出し、魅力的な自分をさらけ出していくことで、新しい価値観を生み出していくことが大切なのだ。

「小さな幸せ」を集めよう

今日はツイている一日だっただろうか？　なにかラッキーな出来事はあっただろうか？

僕は、「運の良さ」を人一倍気にするタイプだ。**「運」は、身の回りで起こる出来事と、自分との間をうまく取り持つ「架《か》け橋《はし》」**のようなものだと思っている。

僕の場合は、数字にまつわる運の良さを持っている。

ラッキーナンバーは「5」と「8」と「15」だ。

誕生日は、5月8日。

僕が骨肉腫で入院していた病室が「558」号室。
二つ目に入院していた病室は、「8」階。
サッカーをやっていたころの背番号は「15」番。

これが僕の幼少期のなかでの、5と8と15のご縁だ。

もちろん、テニスプレーヤーとしてもラッキーナンバーにまつわるエピソードはちゃんとある。ここでは、**2023年にフランスで行われた全仏オープンでの「ラッキーな」出来事**を紹介しよう。

大会が開催される試合会場には、出場する選手が控《ひか》えるためのロッカールームがある。荷物などを入れるためのロッカーにはそれぞれ番号が付いているのだが、何番が使えるかは、現地のスタッフが割り当てる。そのため、自分で好きな番号のロッカーを使うことはできないのだ（他の大会では、自分で選べる場合もある）。

大会数日前、**会場へ到着し渡されたロッカー番号は「15」番**だった。

それを見た瞬間、僕は「**キタ!!**」と喜んだ。

そしてトーナメントも一つひとつ順調に勝ち上がっていき、結局、**「15」のロッカーと共に、決勝まで駒《こま》を進める**ことができた。


そしていよいよ、決勝の当日。

試合は、準決勝までとは異なるコートで行われることになった。しかも、全仏オープンの会場で一番大きなコート（センターコート）である「フィリップ・シャトリエ」だ。約1万5000人を収容するクレーコート[※1]最大の舞台である。

フィリップ・シャトリエには専用の控え室がある。したがって、ロッカーも移動することになった。

※1 表面が土でできたコート。レンガを砕いて作った粉が使われていて、赤茶色をしているのが特徴。球速が出にくいため、ラリーが続きやすい傾向がある。そのため、打ち合いが得意な選手が有利とされている。

僕はここまできたら決勝も「15」のロッカーが使いたいと思った。前日のうちに現地スタッフへ**「15番のロッカーが使いたいんだけど空いてますか？」**と確認をしたほどだ。すると、スタッフから**「空いてるよ」の返事が！**　使用するロッカーを選手自ら指定することは珍しいかもしれないが、ここまできたらどうしても15番が使いたかった。無理を言ってフィリップ・シャトリエにある「15」のロッカーを使わせてもらうことにした。

そして気持ちよく、決勝の試合を開始することができ、**見事優勝**することができたのだ。

これが僕の数字にまつわる、サクセスストーリーだ。

ちなみに、2024年1月にオーストラリアで開催した全豪オープンでは、150番のロッカーを全日程で使用し、そして優勝することができた。もちろん、ラッキーナンバーと優勝が結びついたかどうか、その決定的な証拠を示すことはできないのだが（笑）。

少し変な話に聞こえるかもしれないが、**僕は「神様はいる」と信じている派**だ。一人

「夢」を達成するために
必要なことは、情熱や鍛錬《たんれん》を
絶やさぬことだ。その過程で
舞い込むラッキーな出来事とは、
神様が与えてくれるちょっとした
「ごほうび」なのかもしれない。

ひとりに神様は宿《やど》っていて、もっと広くいえば「車いすテニス」という競技自体にも神様は宿っていると思っている。

「1位になる」というのは、単に練習するだけでは達成できない。つまり、**勝利は「神様に選ばれる」「与えられるもの」**という風にも考えている。運がいいとか、ちょっとしたことでラッキーと思う感性は、神様が僕に与えてくれている「ご利益《りやく》」なのだ、と。

人によっては、「ただの迷信《めいしん》」「おまじない」のように聞こえてしまうだろう。もちろんその捉え方も正しい。僕も、「夢」を達成するためにやるべきことの本質は、情熱や鍛錬だと思っている。

「運」にすべてをまかせることは、良いことではない。それでは、神様も振り向いてくれないだろう。真剣に取り組むなかでの「お守り」のように、さりげなく持っているのが大事なポイントなのだ。

相手を傷つけない

この章では「自分を愛する」というテーマで話をしてきたが、**独りよがりになってはいけない**ということも付け加えておきたい。

テニスの試合を思い浮かべてほしい――。

テニスというのは、**対人競技**である。つまり、相手がいないと成立しない。だからこそ**相手へのリスペクトを忘れてはいけない**のである。

世界大会くらい大きな舞台になると、試合後にコート上でインタビューが行われる。そのあと記者会見も開かれる。その際に勝った選手は、相手選手に対して最大の賞賛や労《ねぎら》いのコメントをすることが多い。

なかには、相手陣営《じんえい》のスタッフ、大会運営のスタッフ、スポンサーなど、試合に関わったすべての方たちへ感謝の意を表したりする人もいる。

テニスというスポーツは、とてもリスペクトにあふれた素晴らしいスポーツなのだ。

このような伝統のなかで、**僕が一番気を付けていることは「相手を傷つけない」**ということだ。相手をおとしめ、批判することによって、自分を大きく見せたり、勝利をつかもうとしたりすることはぜったいにしない。

この心がけは、僕自身の性格によるところもあるかもしれない。じつはテニス以外、つまりプライベートでは他人に意見を押し通すことが得意ではない。むしろ**自分が折れて事が丸く収まるのなら、意見を引っ込めるタイプ**だ。

僕がやたらと周りに気を遣《つか》いすぎるため、コーチたちもときどき、「疲れないだろうか?」と心配するほど。

これを聞いた読者の方は、意外だと思うかもしれない。メディアで発言するときの印象とはまるで違うからだろう。

もちろんメディアに出演するとき、**「夢を叶えること」「テニスへの情熱」について語るうえでは、今持つ考えや思いを、本音で遠慮なく発言する**ようにしている。

そのため、テレビや雑誌などのメディアでは、かなり派手なキャラクターとしてクローズアップされる場合がある。

もちろん、そういう風に取り上げていただけることはありがたい。けれども、その分リスクがあることも自覚している。**言葉遣い、態度といった部分は、節度ある形をとる**ように気を付けている。これもやはりテニスの持つリスペクト精神の賜物《たまもの》だ。

「夢」というのは、自分の内側にある大切なものだ。だからこそ、自分自身の力で育てなければならない。周りを傷つけたり、悲しませたりしていては決して育たないということなのだ。

HASHIMOTO
ENGINEERING

Chapter 2

がんばらない

根性論をやめれば、
「個性」はどんどん光る

自分だけの「やりたいこと」を見つけよう

突然だが、僕はほんとうに幸運に恵まれた人生を歩んでいる。

大病を患うトラブルに見舞われはしたが、そのおかげで「車いすテニスプレーヤー」という夢が定まり、今日まで続けることができている。

ずっと続けたいと思えるほどの「やりたいこと」に出合えたこと、それもわずか9歳でおとずれたというのは、「幸運」以外のなにものでもない。

しかし本来、**「やりたいこと」を決断するのはほんとうに難しい**だろう。

自分にとって一番ふさわしい道を知る基準が存在しないため、進学や就職に明確なビジョンがないまま一歩を踏み出してしまう方や、踏み出せずにもがいている方も多い。

・両親や教師に決められた将来に向かって進もうとする
・友人や仲間たちと同じ道を進もうとする
・これから流行りそうだからという理由で、職業や進路を選ぼうとする

こうした判断をする方と、僕が車いすテニスを選んだこととの大きな違いはどこにあるだろうか？　それは、**「自分で決めた」**という点である。

つまり、100人いれば100通りの「やりたいこと」が存在する。アートで感動を与える方、学問や研究で偉業《いぎょう》を残す方、芸能で観客を魅了《みりょう》する方というように、人によって活躍したいと考える分野はさまざまだ。

そして、その**眠っている能力にいち早く気づき、呼び起こしてあげる**ことが大切となる。

僕は、一人ひとりの内に眠っている**「やりたいこと」**を、宝石になる前の**「原石」**のようなものだと捉えている。ダイヤモンド、ルビー、サファイアのように、人によって原石の種類が異なるのだ。

だから、「ダイヤモンドの人」が「ルビーの人」になる必要もないし、「ルビーの人」が「サファイアの人」を見て、どっちが美しいかを競う必要だってない。

ここで**重要なのは、「自分の原石はなにか」を知る**ことだ。

では、原石はどうやって見つければいいのか。自分という名の鉱脈《こうみゃく》には、いろんな**石**（**＝意志**）が眠っているはずだ。まずは、「やりたいこと」をすべて洗い出してみよう。

・ちょっとだけ体験してみたい程度のカジュアルな「やりたいこと」
・ほんとうは好きではないけど、周りの期待に応《こた》えるための「やりたいこと」
・誰にも邪魔《じゃま》されたくないほど大好きな「やりたいこと」
・みんながやっているから、自分も一緒に「やりたいこと」

このように、一言で「やりたいこと」といっても、細かくみると石（＝意志）が微妙に異なる。しかもどれが正解なのかは、人によって違う。ただの「石ころ」なのか、まぶしく輝く宝石になる前の「原石」なのか——。つまり、**原石を見分けるための「目利**

まずは「やりたいこと」をすべて洗い出す

なんとなく
続けている
「やりたいこと」
周りの期待に
応えるための
「やりたいこと」
友達に
すすめられた
「やりたいこと」
流行っているから
自分も
「やりたいこと」
今すぐ手軽に
「やりたいこと」
時間を忘れるほど
楽しい
「やりたいこと」
今ハマっている
「やりたいこと」
邪魔されたく
ないほど夢中な
「やりたいこと」

き」も必要になるのだ。

見分けるための、簡単な方法を紹介しよう。

目利きとはつまり、「寝る」ことだ。

僕がテニスを「やりたいこと」だと確信したお話しをしよう。

9歳のときに車いすテニスと出合い、あまりのかっこよさに僕は衝撃を受けた。そして初めて動画を観たとき、すぐさまに「やってみたい！」と思ったのだ。

出合った当初の僕はこのとき、とても興奮状態にある。**興奮したまま将来を決**

「原石」を見つけるために「寝る」

なんとなく
続けている
「やりたいこと」
周りの期待に
応えるための
「やりたいこと」
友達に
すすめられた
「やりたいこと」
流行っているから
自分も
「やりたいこと」
今すぐ手軽に
「やりたいこと」
時間を忘れるほど
楽しい
「やりたいこと」
今ハマっている
「やりたいこと」
邪魔されたく
ないほど夢中な
「やりたいこと」
翌日
周りの期待に
応えるための
「やりたいこと」
時間を忘れるほど
楽しい
「やりたいこと」
邪魔されたく
ないほど夢中な
「やりたいこと」
翌日
時間を忘れるほど
楽しい
「やりたいこと」
最後に残った
「やりたいこと」が
原石になる

めてしまうのは少し危険である。そこで、**冷静な判断**が求められるのだ。

やることはただ一つ。「一晩、寝てみる」のだ。

翌朝目覚めても、「やりたいこと」で頭のなかがいっぱいになっているかどうか。頭のなかが「やりたい！」となっていれば、「ほんとうにやりたいこと」の可能性は高い。

こうして、**次の日も次の日も、朝目覚めたとき頭から離れないほど夢中**ならばあなたにとって「やりたいこと」だと自信を持っていいだろう。

僕はこうして、車いすテニス選手になりたいという決心をしたのだ。

逆に、朝目覚めるたびに関心が薄れているようならば、それは真に「やりたいこと」ではないかもしれない。

つまり「寝る」ことで、頭を一度リセットでき、自分自身の心も素直になるのだ。

「やりたいこと」を爆発させよう

前項で、自分だけの「やりたいこと」についてお話しをした。自分の内に眠っている「やりたいこと」を石（＝意志）にたとえ、鉱脈からどうやってほんものの原石を見つけだすか、についてだ。

それでは、今あなたの手に、原石があるとしよう。

次にやるべきことは、「磨く」ことだ。なぜなら原石を磨かなければ、きらきらと輝く宝石にはならないからだ。

僕にとって磨くとは、まさにトレーニングだ。来る日も来る日も、練習に取り組み、たくさんの試合にも出た。その間も、テニスが楽しくて仕方がなかった。そして今も「ぜったいに原石を輝かせられる」と信じて磨き続けている真っ最中だ。

僕はこの**磨くことを「才能」**だと考えている。才能とは、物事をうまく成しとげるための能力ということだ。

原石は、**磨けば磨くほど光るもの。**ということは「才能」はずっと絶やしてはいけない。つまり、**飽きずに、どうやって磨き続けられるかが大事**である。

ちなみに、「やりたいこと」が見つかったとき、最初の一歩としてなにをすべきか、ということで迷う方もいるだろう。

・今すぐにでも熟練《じゅくれん》した方に教わりにいくか?
・まずは独学でやってみるか?

などなど、いろいろな方法があるが、僕は**「やりたい」と思った瞬間から、その思いを爆発させるべき**だと思う。僕の場合、最初はただひたすらに「白由」に取り組んでみた。

具体的なエピソードを紹介しよう。

リハビリをしていたころ、車いすテニスに出合い衝撃を受けてから、テニスが僕の原石であることは前項でもお伝えした。

そしてこのあとの行動が、まさに「才能」の部分に当たる。


ラケットもボールも持たない僕はまず、病院の外を車いすで思い切り走り回った。テニスコートを走り回りたいという衝動を、病院の外で満たしたかったからだ。ただとにかく、今出せる全速力で。

車いすテニスに魅せられた理由は、ボールを打つ姿だけではない。車いすを駆使《くし》した素早い機動力もかっこよかったポイントだ。右に左に、前に後ろにと、コートを縦横無《じゅうおうむ》尽《じん》に走り回って、ボールに食らいつく。それを真似《まね》するために、病院の外にある柱と柱の間をスラローム[※1]で駆けたりもした。

最初は、**毎日飽きることなく、ただひたすら走り回る日々**を送ったのだ。

その後、お年玉でラケットを買った。

ラケットを手に持ったとき、もういてもたってもいられなくなり、父を連れて一緒に公園へ行った。そしてとにかくボールを打った。病院の外を走り回っていたときのように**ただひたすら父とボールを打ち合う。**


ボールを打ってみてわかったことがある。もっとうまくなるにはフォームも大切だ、と。

そこで次は、**病室でひたすら素振り**をした。インターネットでプロの試合動画や練習動画を観ながら、そっくりに真似てみたりした。とくに参考にしたのは、国枝慎吾さんだ。彼のフォームはとても美しい。それに憧れて同じ動画を何度も何度も見返していく。国枝さんはボールを打つ際に、雄叫びに合わせて迫力ある表情になるのが特徴だ。僕はその表情にまで憧れて真似していたくらいだった（笑）。

素振りは本来、車いすに座った状態で行うのが正しいが、ずっと素振りをしていたか

※1 左右交互に操舵することによって、くねくねと蛇行して走ること。

ったので、ベッドに横になったままでもラケットを振り続けていたのを覚えている。

こうして振り返ってみて、**「やりたいこと」を伸ばすために必要な条件**は、大きく二つあるのではないかと思う。

①とにかくそれを欲しがっている状態であること
②ひたすら楽しい状態であること

とにかくまずはこの二つさえあれば、最初の第一歩は十分だ。

「やりたい」と思ったピュアな心を、ありのまま解放してあげる。最初から、道具、環境、コーチなどすべてをそろえようとしなくてもいい。身辺にまつわることから先にガチガチに固めてしまうと、むしろ純粋《じゅんすい》な気持ちにノイズのようなものが混ざってしまう恐れがある。たとえば、最初にお金をかけすぎてしまったことへの後悔《こうかい》や、「もう後戻りができない……」というようなプレッシャーが自分にのしかかるのだ。そんな気持ちが頭をよぎれば、楽しむことなんて二《に》の次《つぎ》になってしまう。

だからこそ、まずは気持ちを爆発させるだけでいい。

そうして自分のなかにあふれる**「やりたい」気持ちを解放できたあと、自分にとって「足りないもの」も自然と見えてくる**ものだ。それは、道具なのか、練習環境なのか、指導者なのか、そのときに必要としたものをあとから少しずつ付け足していけばいい。

繰り返しになるが、大切なのは先ほど挙げた二つの状態がずっと続いていることだ。

それによって、「やりたいこと」は延々《えんえん》と続けられるし、同時に、磨きがかかっていくのだ。

「楽しい」の追求が、成長の奥義だ

僕は、**「がんばる」という言葉が好きじゃない。**

一般的には、鍛錬する意味として使われるが、じつは落とし穴が潜《ひそ》んでいると考えている。

僕にとって**「がんばる」とは、無理している、やらされている状態**を指すからだ。言葉のあや、と言われるかもしれないが、きちんと言葉を定義することは大切だと思う。なぜなら、今の自分がどういう状態なのかを理解するための手がかりにもなるからだ。

「やりたいこと」に取り組むうえで、最も**重要なキーワードは「がんばる」ではなく、「楽しい」**だ。昔も今も、「楽しい」という感情でテニスに取り組んできた。

僕は骨肉腫の手術・リハビリを終えて退院したのち、テニスクラブに通うようになった。独学での練習をやめて、コーチから指導を受けるようになり本格的にテニス選手を目指したのだ。

「誰かに教わる」ということと、**「自分のやりたいようにする」**には、大きな違いがある。自分のやりたいことをやっていたころは、誰にも邪魔されず、ただ夢中になって取り組むことができた。しかし、自分が苦手な部分や、間違いに気づきにくいというデメリットがある。

一方で、誰かに教わるというのは、正しい方向へ導いてくれるので、最短ルートで正解にたどり着ける。ただし、耳が痛いことを言われるし、常に厳しい特訓が待っている。そしてなにより、すべて自分の思い通りということはなくなる。

この違いを見たとき、果たしてどちらの道が「楽しい」といえるだろうか。

大切なのは、**「楽《たの》しいこと」と、「楽《らく》なこと」を区別する判断力**だ。

「たのしい」と「らく」は同じ漢字なので紙一重《かみひとえ》のようだが、この二つの意味はまったく異なる。

疲れること、苦手なことなど、自分にとって厳しい取り組みも含めて「楽しいこと」として取り組まなければならない。

どれだけ苦しいことでも、楽しく取り組む――。この瞬間こそ「**自分を生きている！**」と喜びをかみしめられるのだ。もちろん「世界1位になりたい」「金メダルを獲りたい」という目標は大事だ。だが、それがいつ、どこで達成されるかはわからない。だからこそ、そこへたどり着くために、「**今**」という一瞬を「**楽しんでいるか**」が大切だ。

「才能」は「原石を磨き続けること」と紹介したが、「磨き続ける」ということの本質は「楽しむこと」である。

「楽しむ」ことは、成長するうえでの奥義なのだ。

オタクは最強だ

前項で「楽しい」ということについて紹介した。鍛錬するうえで、苦手なこと、疲れること、目を背《そむ》けたいことなども含めてすべてを「楽しむ」ことが大切だ。

一方で世の中には、手っ取り早く手に入ってしまう楽しさがあふれている。テレビゲーム、ドラマやアニメ、マンガ、テーマパークなどがまさにそう。いわゆるエンタメとして体験できる楽しさだ。**エンタメとしての楽しさと、「夢」に向かって進むうえでの楽しさは、まったく別物《べつもの》**とわきまえておく必要がある。

「ジェンガ」というテーブルゲームでたとえてみよう。

ジェンガとは、木製の細長いブロックを互い違いに積み上げた塔から、1本ずつ順番にブロックを抜いて、最上段へさらに積み上げていくゲーム。バランスを崩して、塔が倒れたら負けだ。

ジェンガを例に、エンタメとしての「楽しい」と、夢に向かっていることの「楽しい」の違いを考えてみる。

エンタメとして：積み上がった塔からブロックを抜いて、上に積み上げる楽しさ
夢に向かう：なにもないところから、ブロックを一つずつ積み上げる楽しさ

【積み上がった塔からブロックを抜いて、上に積み上げる楽しさ】

これは、本来のジェンガのルールと同じだ。まさに「エンタメとしての楽しさ」が味わえる。つまり、**ルールや決まりごとにしたがうだけでいいから、とても手っ取り早く「楽しい」が得られる**のが利点だ。

【なにもないところから、ブロックを一つずつ積み上げる楽しさ】

ブロックを抜くのとは違い、ゼロの状態から積み上げていく。これは、「楽しい」を自分の手で育てていくイメージに近い。**ルールや決まりごとにしたがって楽しむのではなく、自分自身と向き合っている感覚**がある状態だ。

決められたルールのなかで楽しむメリットは、誰でもすぐに遊べる手軽さとみなで味わうスリリング要素だ。ゲームの後半になると、「もう倒れる！」「ムリムリムリ！」と楽しさを共有できる。

一方で、僕が考える「ゼロから積み上げる」楽しさは、1人でコツコツと行っている雰囲気である。夢を追いかけるとはつまり、そういう地味で泥臭《どろくさ》いことではないだろうか。みながワイワイと盛り上がっている裏で、人知れずコツコツと取り組んでいるようなイメージ。

……お気づきだろうか。

「エンタメ」と「夢に向かう」ときの楽しさの違い

エンタメ としての楽しさ

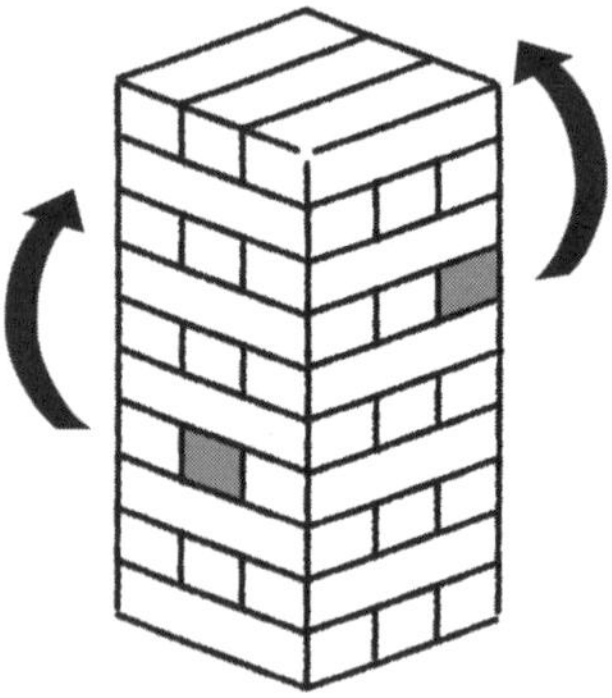

積み上がった塔から
ブロックを抜いて上に積む

特徴

- ルールや決まりごとにしたがうだけ
- 手っ取り早く手に入る楽しさ

夢に向かう ときの楽しさ

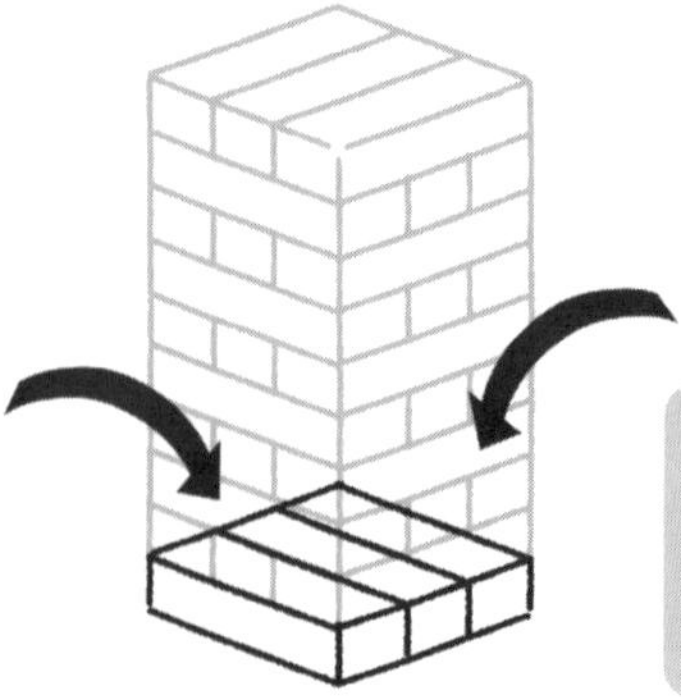

自分の手でゼロから
ブロックを積み上げていく

特徴

- 自分自身と向き合う感覚
- 自分の手で「楽しい」を
  育てるイメージ

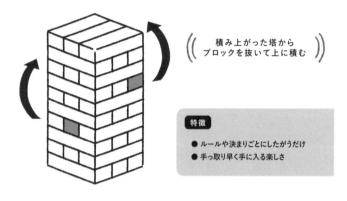

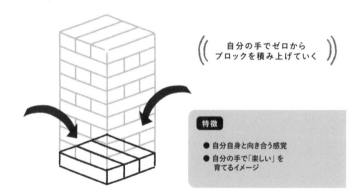

そう、**僕はオタク**なのだ。とりわけ、車いすテニスについては、誰よりもオタクでありたいと思っている。小学生のころは、理想のショット、理想のフォームを目指すうえでも、自分のプレーを動画に収め、いちいちチェックをしていた。「ああ、この腕の角度が少し違うな」「スイングのスピードが足りないな」。そんな**細かな部分を一つひとつ気にしながら、自分の理想を追求**してきた。

そうした僕だけのこだわりを貫いた先に、今の自分があるのだと思う。

もし読者の方が、今なにかの分野で「オタクだな」と思うほどのことに取り組んでいるとしたら、ぜひそのまま自信を持って取り組んでほしいと思う。引け目や、負い目を感じる必要はなにもない。ジェンガを積み上げるように、誰にも邪魔されず、一つひとつを大切に積み上げていってみてほしい。**気がつくと、ものすごく高いタワーとなって、周りを驚かせる**ことだってできる。

それがまさに、華々《はなばな》しい成績や偉業という結果として残るのだ。

寄り道を忘れない

「楽しい」を追求することについて、僕はジェンガを例に紹介した。

そのなかで勘違《かんちが》いしてほしくないのは、手っ取り早く手に入るエンタメのほうが「悪」という意味ではないことだ。

むしろ**僕は、エンタメの楽しさにも手を抜かないタイプ**だ。僕の場合は、「**音楽**」「**ヘアスタイル**」「**スニーカー**」だ。

これらは、オフのときの趣味として思い切り楽しんでいる。そう、テニスとはまったく別世界の楽しさである。

音楽のなかでも、とりわけ好きなジャンルはヒップ・ホップだ。アメリカのウェスト・

コースト・カルチャー※1に影響を受けたのがきっかけだ。そこからヘアスタイルにもこだわりだし、頻繁《ひんぱん》に美容院に通うようになった。写真撮影やテレビ出演の前日にはヘアカットをしている。

スニーカーや服も、日に日に増えている。

僕にとって意外だったのは、趣味として楽しんでいたことが、やがてテニスにも良い影響をもたらしてくれたことである。

ヒップ・ホップは試合前に必ず聴くようになった。それによって、気持ちが高ぶるし、闘争心が燃えあがる。そしてその勢いのまま、試合を開始できるのだ。

試合の当日、**会場へ向かう際は気に入っているスニーカーを履《は》いて向かう**ようになった。**髪の毛も毎日セットする**ようになった。試合で着用するウェアも自分でコーディネートする。とくに、**シューズはこだわりがある。**車いすテニスは本来、地面に足をつけ

※1 ロサンゼルスやカリフォルニアを中心とした、アメリカ西海岸で盛んな音楽文化。古くは、1950年代のジャズ、60～70年代のロックの他、現代ではヒップ・ホップも含まれる。

ファッションでは、アクセサリーにもこだわる。
ネックレスやサングラスだけでなく、
ステッキはとくに自分らしさを表現できる。

ることはない。そのため、必ずしもテニスシューズを履く必要がないのだ。けれども僕は試合のとき、練習のとき、すべてテニスシューズを履いて臨んでいる。そういった細かなこだわりが、テニスと真摯《しんし》に取り組む姿勢につながる。

このように、本来はテニスとまったく関連のなかったはずの趣味が、いつの間にかテニスとつながっていた。つまり、**選手としての付加価値**になったことで、さらに自分らしさが表現できるようになったのだ。

もちろん、夢のためにと無理に付加価値を見つけようとしなくていい。趣味がなくても、それでいい。

ちなみに僕の趣味は、父親やコーチ譲りのもの。つまり、誰かからの影響を受けて育《はぐく》まれた。趣味を発見したり、深めたりすることは、人とのつながりのなかから生まれるケースが多いと思う。もし今趣味がなくても、焦らなくていい。

夢を追うなかで、いろいろな方との出会いがある。そういう方たちから、なにかしらの発見が得られることもあるからだ。

「夢に向かう」という太い一本道を進みながらも、ときどき寄り道をして自分を輝かせていこう。

あえてスリルを求めよう

２０２３年に開催された全仏オープンでの優勝で、車いすテニス男子シングルスにおいて**世界ランキング1位**になった。17歳での達成は、健常者も含め、史上最年少である。メディアからも賞賛をいただいたし、僕自身も誇《ほこ》りに思っている。

……しかしこの成績を残すには、**あまり知られていない「スリル」**があったことをお伝えしたい。

世界ランキングとは、１年間で出場した試合結果のうち、上位９大会で獲得したポイントの合計で決まる。規模《きぼ》の大きい大会になるほど、優勝したときのポイントは高い。そのなかでグランドスラムは最もポイントが高く、それを狙って世界各国から猛者《もさ》が集まるのだ。

当時ランキング1位だったのは、アルフィー・ヒューエット選手である。今大会のトーナメントで彼よりも上位の成績を収めることができれば、ランキングポイント数で上回ることができ、僕のランキング1位が確定する。

だが、僕らのチーム内での予想では、ヒューエット選手は確実に決勝まで駒を進めるとみていた。となると、僕は全仏オープンのトーナメントにおいて、**一度たりとも負けが許されない状況**なのだ。

いかがだろうか。世界中の猛者が集まる世界最大の大会で、僕は1敗もできないという状況――。**とてつもないスリル**である。

もともと、自分を追い詰めていくことが好きなタイプだ。メディアでも大きな夢を語り、本音を包み隠さないのは、自分へのスリルを与えている側面もある。だから人によっては「ビッグマウス」という風に見られるかもしれない。

強気の姿勢は、下手すると、他の車いすテニスの選手と比べて、「負けの代償《だいしょう》」が大きい。

だが、あえてハイリスク・ハイリターンの状況を作っている。

ただし、いわゆる**賭《か》け事と違うのは、リスクとする部分を自分でコントロールできる点**だ。つまり、ハイリスク・ハイリターンを、ローリスク・ハイリターンに近づけることができる。そのカギをにぎるのが、まさに**トレーニング**である。僕は全仏オープンへ挑む前までに、「十分に準備した」といえるところまで自分を高めることができた。それによって、優勝をすることができた。**準備を万端《ばんたん》にすることによって、自分で優勝を引き寄せられた**のだ。

もし、僕が準備や予習なしに大舞台へと臨んだとしたら、ただの「無謀《むぼう》」としか言い様《よう》がない。運を天に任せるようなダサい真似はしたくないし、周りからそういう目で見られたくもない。

「スリル」の素晴らしい点は、「ぜったいに失敗したくない」という意気込みによって、「徹底的《てっていてき》に準備する情熱」が芽生えることだろう。これまでに紹介した「楽しい」とは違い、「危険を伴《ともな》った楽しさ」が味わえる。

「楽しい」「スリル」「緊張感」さまざまなアプローチで、自分を奮い立たせてみよう。

「準備をおこたらない」。

これは、勝負の世界で絶対条件だ。

負けが許されない場面で、

「賭け」を持ち込むならそれは
「準備不足」にほかならない。

Chapter 3

「負け」は負けじゃない

誰かのせいにしないための勝負の心得

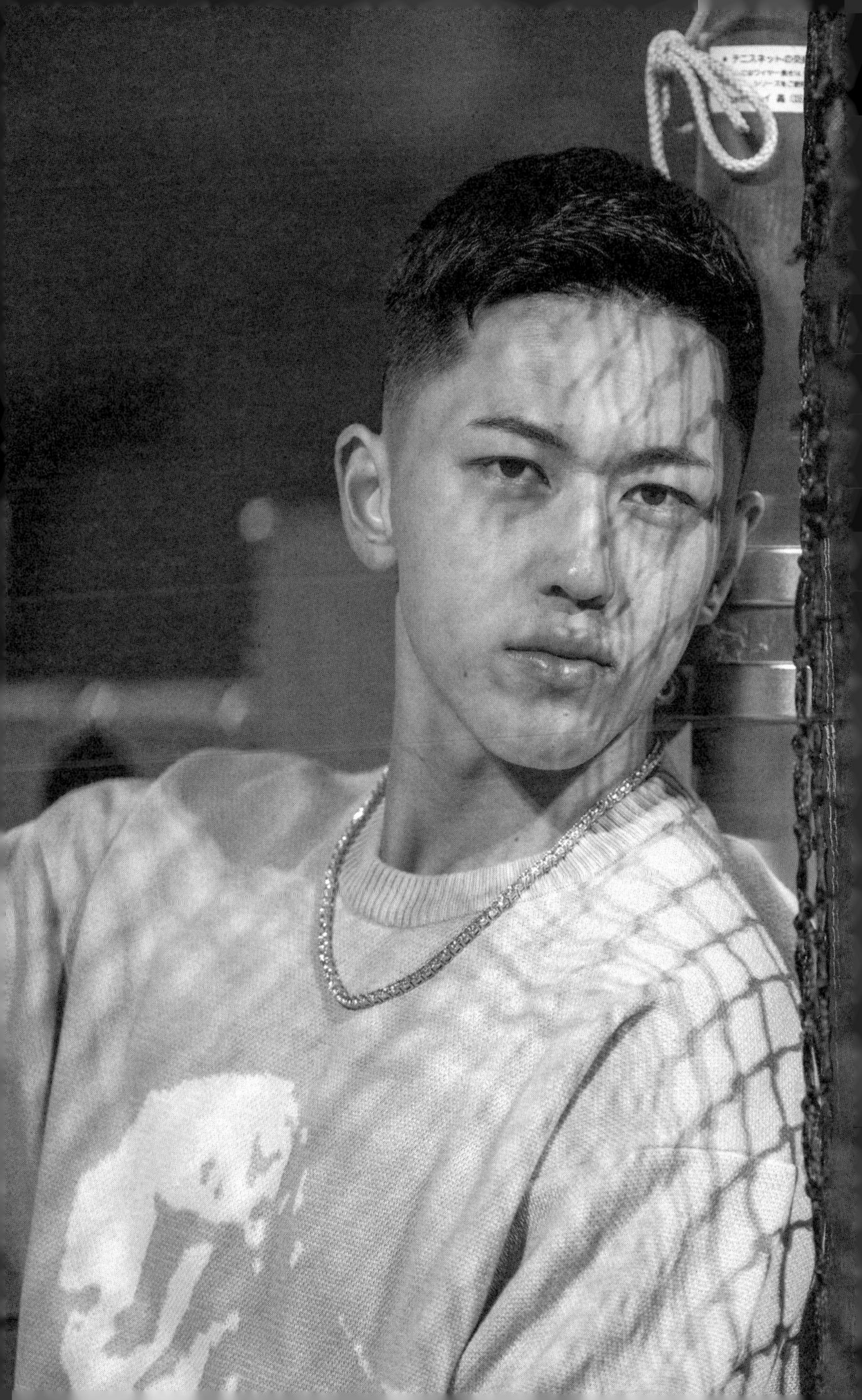
テニスネットの

完敗で学んだ、「貫き通す」精神

僕は9歳のころ、長かった入院生活を終えてすぐテニスクラブに通って本格的にテニスを学ぶことにした。

入院時代にラケットを買い、ずっと素振りなどをやっていたこともあったためか、コーチからも「筋がいい」ということで、褒《ほ》めてもらえることが多かった。

もちろん厳しい言葉をいただく場面もあったのだが、僕としては、褒めていただきながら技術を磨いていった思い出のほうが多い。

そして、**テニスを習い始めて4か月経ったころ、初めて大会に出場**することになった。

神奈川県で行われた大会で、18歳以下の選手が男女関係なく出場できるものだ。初戦の相手は12歳。ジュニアの車いすテニス界でも名の知れた選手だった。

一方で僕は、車いすテニス初心者である。しかし、**自信だけはあった。「自分なら勝てるのではないだろうか」という予感**がしていたのだ。

前の章でも述べたが、ラケットを買ったそばから、国枝さんのフォームや、ボールを打つときの表情を真似たりしていた。他にも、テレビやインターネットで見かける試合のダイジェスト動画、スーパーショット集、パワープレー集のような華やかな動画をたくさん観た。

そうした経験もあってか、初めての試合は、「きっと勝てる」と思って臨んだ。

ちなみに当時の僕は、点数のカウント方法や、細かなルールもろくに頭に入っていないレベルだった（笑）。

結果は——。1回戦敗退だった。しかも、**手も足も出ず、完敗**である。

試合後、僕は大泣きした。**試合前に想像していた自分の姿と、今の自分との大きなズレ**に悔しさがあふれた。

テニスというスポーツは「相手のミスを誘《さそ》い、自分はミスを減らす」ものだ。泥臭い駆け引きのなかから、スキを生み出しコツコツと点数を重ねていくのがセオリー。派手なショットやスーパープレーは、一つの試合のなかでそう出せるものじゃないのだ。

選手たちはこういった失敗を繰り返し、現実から学び、少しずつ大人になっていく。これは、ジュニア選手が一度は通る「大人へのステップアップ」といえる転機である。

……だが僕はそれに直面したとき、真《ま》っ向《こう》から反発した。

負けを通じて、僕の頭のなかでは「**これからも、もっと自分らしいテニスを貫いてやる」という気持ちが強くなった**のだ。つまり、派手なショットやスーパープレーの追求である。

僕が最初に憧れたテニスは、「**かっこいいテニス**」。**その情熱を押し殺してしまうのは、まったく「自分らしくない**」。

試合の翌日からも徹底して、僕は、僕自身が目指すテニスを心がけた。もちろん、そ

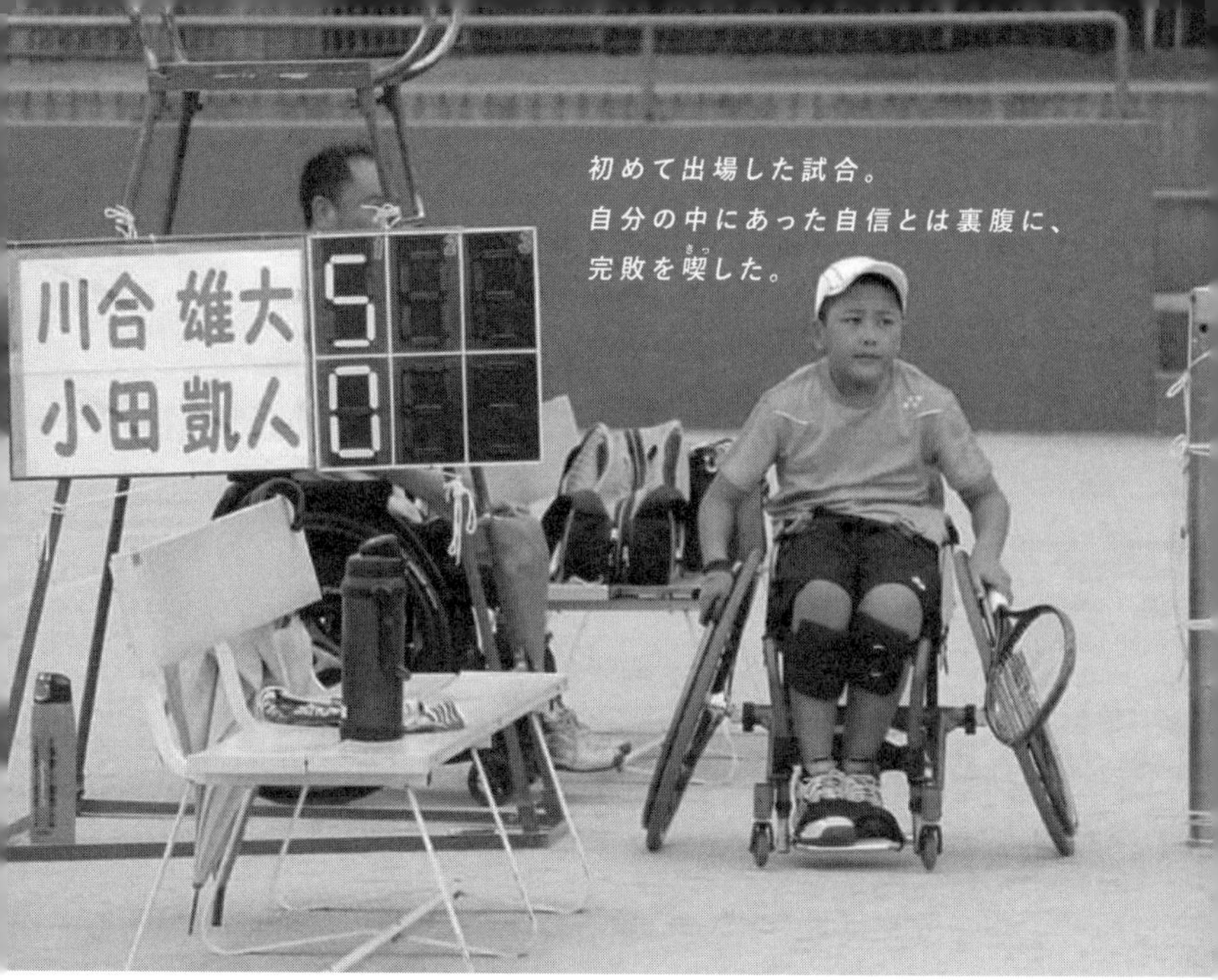

初めて出場した試合。
自分の中にあった自信とは裏腹に、
完敗を喫《きっ》した。

んな姿勢に、コーチからは何度も指導を受けた。リスクばかり負ったプレーをしていると、本来勝てるはずの試合ですら負けてしまうこともある。両親も、心配で仕方がなかったそうだ。

たしかに今振り返ってみると、もっと「普通に」戦っていれば、勝てた試合も数多くあった。スーパーショットばかり追求すると、コートに収まらないショットが増えてしまうのだ。

しかし僕はそこでも信念を曲げることはなかった。

リスクを負って打ったショットがミス

になったとしても、**僕のなかでは「間違い」ではない。**むしろ心のなかでは、「あのショットの精度をもっと上げなければ」「ちょっとだけアウトしたから、打ち方を微調整しなければ」という反省をしていた。

つまり、**完成度を高める方向での反省**だ。

それから5年、6年と続けていった今、ようやく自分が理想としていたスタイルができあがってきた。そして、2023年での全仏オープン、全英オープン優勝という結果として実《み》を結んでくれた。

この経験からいえるのは、失敗や負けを経験した際に自分の掲《かか》げた信念を、「これは間違いだった」といってあっさりと取り下げてはいけないということだ。

自分が理想とする形や結果にたどり着くには、長い年月がかかるものだということ。

そして自分で「成功だ」と思えるまでやめずに続けることだ。**途中でやめた瞬間が「失敗」で、うまくいくまで続けた者だけが、「成功」をつかむのである。**

世間からの「批判」は、「勲章《くんしょう》」である

僕は、**障がい者スポーツ選手**として活動しているが、いまだに違和感を拭《ぬぐ》えないことがある。それは、**批判にさらされにくい立場**にいることだ。

健常者のスポーツと比べ、ハンデを抱えている分だけ世の中からは「がんばっている」というフィルターを通して見られているのは否めない。

変なたとえかもしれないが、健常者のテニス選手が試合中の不調のせいで、怒りに任せてラケットを叩きつけて壊したとしよう。すると、観客からは一斉にブーイングが起こるし、ニュースやSNSなどで批判にさらされることになる。

では、もし僕がラケットを試合中に叩き折ったとしたらどうなるだろう。きっと、健常者のテニスのときほどの批判は集まらないだろう。実際にラケットを折ったりはしないが、そんな空気になるだろうと予想できる。

もちろん僕は、世の中からの「やさしさ」に支えられているのは感謝しなければならない。

けれども**健常者だろうが、障がい者だろうが、スポーツの世界の厳しさは変わらない。**だからこそ、負けたとき、不振《ふしん》が続くとき、期待に応えられなかったときは、**世間からの「厳しい目」というのも同じくらい必要**ではないかとも感じている。

厳しいコメントや批判をいただいたあと、それをいかにバネとしていけるか。プロフェッショナルは、そういう復活する力も試されていくものだと思う。

世間の方々からの賞賛や批判によって、新たな気づきをもらえることもたくさんある。そういった世の中とのつながりが、車いすテニス界にも欲しいと願う。

では、どうすれば僕は、世の中ともっとつながりを持つことができるのだろうか。

とても大きな課題なのだが、世の中に対して僕が「もっと批判して！」と声を上げるのは違うのだろうと思う。それはただの押しつけに過ぎないからだ。

そうではなく**もっともっと結果を出し、世の中の人にとって「注目せずにはいられな**

い」存在になることが大切なのだろう。

それによって、**「小田を批判することに価値がある」**と思っていただけるようにする。それが**社会に認められたという「勲章」**ともいえる。

真に活躍することは、「賞賛」と「批判」両方とも背負っていく覚悟が必要ではないだろうか。

この本を読んでいる方のなかで、なにかの夢に向かって熱中している方もいるだろう。そんなとき、周りから「そんなの無理でしょう」「やったって無駄だよ」といったような批判をされたこともあるだろう。選手として成長するなかで、僕の激しいプレースタイルに苦言《くげん》を呈《てい》されることは多々《たた》あった。しかも成績が上向《うわむ》いていくにつれてその傾向は強くなっていったという感覚もある。

活躍するということは、つまりそういうことなのだと思う。

周りからの苦言は「勲章」として、誇らしく思っていいのだ。

その批判が正しければ、素直に受け止めて正せばいいいし、ただの妬《ねた》みならばなおのこと「勲章」として誇っていいのだから。

新しいものを受け入れて、古いものを手放す

僕は9歳で骨肉腫になり、脚が不自由になった。**手術や闘病は、相当に辛い**ものがあったが、**そんななかにもラッキーだと思えたこと**がある。そのときの話をしよう。

僕は脚の手術をした直後、「サッカーは続けたい」「すぐにサッカーに戻れる」と思っていた。なぜなら、医師からも「サッカーは無理です」とは言われなかったからだ。今考えると医師は、気を遣って言わなかったのかもしれないが、リハビリをすれば問題ないだろうと思っていた。

しかし、いくらリハビリを続けていても、脚は元のように動くことはなかった。

そしてテレビで観るサッカー選手の活躍を見ながら、自分のなかでも「これは無理だな」と気持ちが定まったのだ。

——と、ここまでのエピソードだと、少年がスポーツと決別をする悲しいエピソードに聞こえてしまうだろう。

が、ここから先が僕にとってラッキーな話へと続いていく。

サッカーを諦めてからまもなく、主治医《しゅじい》の先生から「車いすテニス」の存在を教えてもらった。動画を観た僕は衝撃を受け、ぜったいに車いすテニス選手になると決めた。

まさにこれが、僕にとってのラッキーだ。

つまり、**サッカー選手になるという夢を諦めてから、車いすテニス選手を目指すと決めるまでに期間が空かなかったこと。将来について悩んだり、絶望したりするようなスキがなかった**のだ。

今振り返ると、幼少期にあれほど憧れていたサッカー選手よりも、車いすテニス選手に対しての方が圧倒的に憧れが強かったと思う。

サッカーを始めたきっかけは、じつは、父親のすすめもあった。近所のサッカーク

予期せぬ災難にも、決して
腐《くさ》ったりしない。むしろ、
「これから僕にできることは?」
という可能性を
探っていくことが大切。
CABIN

ラブに入り、基礎を学んでいくなかで、徐々《じょじょ》に上達し、それと同時に好きになっていったイメージだ。

　一方で、テニスは違う。主治医から紹介してもらったことではあるが、その動画を観た瞬間に「これだ！」と、心に衝撃が走った。

　病気に始まり、テニスへと行き着く流れは、偶然がいくつも重なった出来事である。しかしこの経験は、人生において非常に役立つ「気づき」があると思っている。

　生きていくなかで、**自分が想像もしな**

い災難が降りかかることがある。僕にとっては病気と、脚の不自由がまさにそうだ。自分ではコントロールできない出来事だった。

大切なのは、**ぜったいに腐ってはいけないこと。自分の不幸を呪《のろ》ったり、親のせいにしたり、周りを妬ましく思ったりしてもなにも生み出さない。**

それよりも、**今置かれた状況のなかにも、次へ進むヒントが必ず隠されている**ということだ。僕の場合は、主治医の先生から教えてもらった「車いすテニス」がまさにそう。もしも僕が心を閉ざしたり、自分や周りを呪ったりしていれば、そのアドバイスすら受け入れがたかっただろう。

もちろん、当初夢に描いていたサッカーに戻ろうとする考えも間違いとは思わない。けれども、**道は一つだけではないということが、僕が一番伝えたいこと**だ。

「新しいものを受け入れて、古いものを手放す」。

人は、そんな新陳代謝《しんちんたいしゃ》を繰り返して成長していくのだと思う。

物事は多面的に見よう

「病気」という言葉にはマイナスのイメージがつきまとう。完治することもあれば、命を落としてしまうこともあるからだ。この印象をくつがえすことは、簡単なことではない。

だが僕は**病気に対して、「プラスに捉えて前へ進むもの」「この程度のことで、僕は左右されないぞ」という前向きな気持ち**があった。病気を「手なずけてやろう」という気《き》概《がい》である。

もちろん幼少期のことなので、その気概がどこからあふれてくるのかはわかっていなかった。ただ、今振り返るとそれは、**僕のなかにもともと「物事をポジティブに捉えられる力」が備わっていた**からだと考えている。正直に話すと、当時も周りから「かわいそうだ」と言われることすら違和感があった。

仮の話だが、僕が信号無視をして事故に遭《あ》ったのならば「自分が悪い」という意識もあっただろう。だが僕の病気は偶然起きたものだし、だからこそある程度「しょうがない」と、あっけらかんとした部分もあった。もっというならば、**入院生活はとても楽しく過ごしていた**（笑）。もちろん、抗がん剤治療などによる身体へのダメージは大きかった。けれども病気をした方にとって、「痛み」や「しんどさ」はつきものだ。**僕だけが辛いという話ではない。**

もはや開き直りともいえるような捉え方だが、そのおかげで「**病気になった＝悪いこと」というつながりは感じなかった**のだ。

周りからのエールや配慮《はいりょ》、やさしさはありがたいとは思っている。しかし、周りが考えているほど、僕は落ち込んでいないということ。僕にとって病気や脚の障がいはもはや「過ぎたこと」という感覚なのだ。

世間一般でも、**「良い」「悪い」の固定観念でしばられた事柄は多い。**たとえば、

受験で落ちる＝悪いこと
就職できた＝良いこと

もちろん、良かった、悪かったという感想をきちんと受け止めることは大切だ。だが**物事を一面だけで片づけてしまうのはもったいない**と思う。

僕も「勝利」を収めたときは、多面的に見るようにしている。すべての勝利が、正義とはならないからだ。

たとえば、相手の絶不調によってつかんだ勝利の場合は、僕自身が100％の実力を出し切らずに勝利が転がってきても、手放しに喜べるものではない。やはり、自分も相手も100％の実力を発揮しているなかでの勝敗にこそ価値があると思う。

一つの物事に対して、「良い」「悪い」というような一面だけに目を向けるのではなく、「別の見どころはないか」と、多面的に見ていくことが大切だ。

ほんとうは、人の目が気になる性格

僕は人前では大きな夢を語ったり、かっこいい姿を見ていただいたりすることをすごく意識しているのだが、**じつは、人の目が気になる性格**だ。

日常生活の場合、誰かと会話をしているときなどでも、表情や声色《こわいろ》の微妙な変化に気づきやすい。「あ、今楽しくなさそうだ」「この話、興味なさそうだ」といったように、相手の気持ちがなんとなくわかってしまうのだ。

世の中には、こうした「**敏感な性格**」によって、生きづらさを感じる方もいるようだ。しかしこの敏感な性格は、**うまく利用すれば大きな「武器」になる。**

僕の場合は、まさにテニスの試合で役立っている。

相手のメンタルが強気なのか、弱気なのか。この違いをいち早く察知して、戦い方を選択している。

たとえば、今日は**相手がノリノリで、強気**だなと感じたとき。そういう場合は、良いショットがたくさん返ってくる。しかもミスが少ない。リスクを負ったスーパーショットも積極的に仕掛けてくる。このように相手は、試合の主導権をにぎろうとする行動が多くなるのだ。

その場合、僕は「なるほど、今相手はとても調子が良いのだな」という判断をする。「よしじゃあ、その強気をへし折ってやろう！」という作戦を立てたりする。そして、こちらがさらに**情熱的、強気に攻め、相手の熱量を上回ることで圧倒する**のだ。

一方で、**相手がメンタル面で弱気**な場合もある。

たとえば、ファーストサーブ[※1]がまったく入らない。ダブルフォルト[※2]を何度も犯《おか》している。ラケットをしっかりスイングしているのに、ボールに威力がない。表情が曇《くも》っている。このようになにをやっても、なかなかうまくいかないパターンに陥《おちい》っている状態だ。

そのときは、相手がさらに弱気になるような駆け引きを取り入れたりする。僕ならば、さまざまな球種を織《お》り交《ま》ぜながら返球する工夫をする。強いショット、バウンドの高いショット、低空のショット、あるいは左右へ厳しいコースを狙う。そういった**揺さぶりによって、メンタルがさらに不安定になるように仕向ける。**

意地悪に聞こえるかもしれないが、実際の試合では、素早いラリーの応酬《おうしゅう》から一瞬のスキを見いださなければいけない。その突破口として、相手のちょっとした変化を敏感に読み取る力が必要なのだ。

※1 テニスではサーブを打つチャンスが2回与えられている。1回目をファーストサーブといい、失敗（フォルト）すると2回目のセカンドサーブを打つ。 ※2 ファーストサーブ、セカンドサーブともに失敗するとダブルフォルトとなり、相手の得点となる。

また僕の敏感な性格が役立つのは、試合の駆け引きだけにとどまらない。自分の成長を図るうえでも活用している。

「人の目が気になる性格」だが目立ちたがり屋でもあるので、知名度、人気度、注目度といったタレント性も、自分と他の選手とで比べている（笑）。

——と、冗談はさておき、もう少し真面目な話をすると、テニスの**上達を図るうえでも他の選手と比較**をする。

・フォアハンドの実力は、あの選手と比べて強くなったか
・チェアワークの機動力は、あの選手よりも上回ったか
・サーブの速度は、あの選手よりも速くなったか

自分がうまくなっているのかを、基準を持たずに決めるのは難しい。そういうときに、**誰かと比較するのは役に立つ**のだ。

当然、相手選手も日々鍛錬をしている。だから、すべての要素で上回るようなことはありえないのだが、どこが勝っていて、どこが劣《おと》っているかがわかることで、次に取り組むべき課題がとてもクリアに見えてくるのだ。

一見すると、僕の敏感さ、臆病さ、人の目が気になる性格は、欠点として捉えられるだろう。けれどもそれを、持ち味、武器として生かせる可能性があることをぜひみんなにも伝えておきたい。

「孤独」を手なずけよう

テニスはとても孤独なスポーツだ。

シングルスの場合は、一対一で戦う。しかも、観客席に相手選手のファンが大勢いるとさらに疎外感《そがいかん》を味わうこともある。

しかも孤独なのはコート内だけの話ではない。海外遠征《えんせい》をたった1人で回らなければならない選手だってたくさんいる。

僕はテニス選手になる前から、孤独感を味わうことが多かった。それは、小学生のころまでさかのぼることができる。

とくに、友達関係だ。

価値観が合わない、会話が合わない、笑いのポイントが合わない、一つひとつは大したズレではない。だが、その経験が積み重なることで「みんなとは全然違うんだな」という大きなズレとなるのだ。

ちなみに、仲間外れにされた、ずっと独りぼっちだったという話ではない。近所の友達とはよく遊んだし、集団行動が嫌いということでもない。ただ、「価値観が違うかもな」と思った瞬間から、一歩引いた場所に身を置くことが多い子どもだったのだ。そこで**自分をつくろったり、無理して輪のなかに深く入り込もうとしたりはしなかった。**「周りが僕に合わせてくれない」という不満ではなく、あくまで僕自身が「**周りになじまない**」**という冷静さ**があった。

そして選手として活動する今、僕がどんなときに孤独感を感じるかというと、一番は「負けた」ときだ。試合直後は、まだ興奮状態だからさほど感じないが、宿泊先のホテルの部屋に戻ったあたりから、「ああ、家に帰りたいな」という寂しさのような感情に襲われる。

トーナメントの試合は、一度敗退すればそれで終わりだ。

そして、次に開催される大会へと目を向ける。シーズンになると次から次へと大会が組まれるので、本来は、いつまでもクヨクヨしていては身が持たない。だが僕の場合、**テニスで味わう孤独感を無理に解消したりはしない。つまり、「ほったらかし」「そのまま」にしているイメージ**だ。

無理になにかの輪に入って寂しさを埋めたり、がんばって人付き合いをしてみたりというのはない。小学生のときと同様に「無理はしない」のだ。

なぜそのままでいいかというと、**いずれ風化する**からだ。

たとえば、**学校など閉ざされた空間で感じるような、「仲間に入れない孤独感」**を味わったとしよう。

これも結局のところ、風化する。なぜなら、学校生活は必ず終わりを迎えるからだ。小学校であれば、6年間。中学、高校であれば3年間というように、時間が限られている。それを終えれば、環境も変わるし、新しい出会いも生まれる。

そういう意味では、「孤独感」というのは大した問題ではないということだ。時間がたてば解決する場合が多い。大切なのは、**今いる世界で感じる孤独感はとても狭《せま》い世界で感じている感情**だということ。

しばられなくていい。
開き直っていい。
合わせる必要もない。
そのままでいい。
自分が一番。

孤独感は、襲われるのではなく、手なずけるものなのだ。

「仲間」への恩返しを忘れない

前項の「孤独感」の話に続くのだが、「仲間」についてお話をしたいと思う。

僕にとって仲間は、大きく3つある。

・家族
・チームメイト
・友達

まずは家族だ。

僕は、父、母、姉、弟の5人家族だ。

Chapter1でも紹介したが、自宅の間取りが少し変わっている。各々《おのおの》に部屋は割り当てられておらず、部屋同士の仕切りもほとんどなく、みながずっとリビングで過ごしているような状態なのだ。だから、**いつも家族との距離が近い**環境だった。

変な話だが、これのおかげで（？）、僕は反抗期といわれるような時期もなかった。

昔も今も、とにかく家族仲が良いのが自慢だ。

次に、チームメイトだ。

これは、今僕が拠点としている岐阜県で、僕を支えてくれているコーチ、トレーナー、マネジャーたちだ。僕らは、とても仲が良い。たとえばＳＮＳの動画でバズっているダンスを見つけたら、とりあえずみんなで真似してみたり、**くだらないバカ話**をしたり、**トレーニング後に一緒にご飯を食べたり**する。

コートから自宅への送り迎えを、コーチやマネジャーが行ってくれたりもする。みなのサポートのおかげで選手としての今の自分がある。

そして友達だ。

僕には、親友と呼べる人が5人いる。
保育園時代から付き合いのある、2人。
小学校時代から付き合いのある、2人。
そして中学時代から仲の良い、1人。

彼らは、ほんとうに最高の仲間だ。地元（愛知県）の仲間なのだが、国内の大きな大会「木下グループジャパンオープンテニスチャンピオンシップス」（東京都）では、**学校の公休を利用してわざわざ応援に駆けつけてくれる**ほど。ときには、テレビ取材が入るときも、友人として出演までしてくれることもある。そういった**選手活動のなかでの協力も惜《お》しまず付き合ってくれる。**

家族、チームメイト、友達。
僕にとって彼らの存在は、大きなモチベーションになる。一番は、「いいところを見せたい」という感情だ。**テニスをする姿を通じて、自分の成長を知ってもらいたい**のだ。

とくに家族と友人は、僕が試合をする姿を見る機会が少ない。親は仕事をしているし、友人は学業がある。それでも僕のために時間を作り、応援に駆けつけてくれる。僕はそれが純粋にうれしいし、だからこそ恩返しをしたいのだ。

「仲間」という点で忘れてはいけないのは、**応援してくださる観客のみなさん**だ。国内の車いすテニスは、国枝慎吾さんの活躍や尽力によって、年々注目度が高まっている。それによって**観客も増え、開催するコートの規模も大きくなった。今ではアリーナで行われることも当たり前になりつつある。**

こうして舞台を華やかにしてくれるのは、まさに応援に来てくださる方々にほかならない。僕自身も国枝さんの後に続けるよう、テニスで「いいところ」をたくさん見せたい。

僕はこれからも、応援してくれる仲間と共にテニス界を盛り上げたいと思う。

Chapter 4

空気は読まない

よい子だけではだめ。「わがままな自分」をさらけ出す

勇気を出して「意地悪」になれ

勝負の世界において、僕は「意地悪」「わがまま」な性格に豹変《ひょうへん》する。勝つためには相手の嫌がることもためらいなく、仕掛けていく。それくらい残酷《ざんこく》だし、無慈悲《むじひ》な世界なのだ。

テニスの試合で、点数を獲るには二つの方法しかない。

①自分のショットによるもの
②相手のミスによるもの

この二つのうち、どちらが割合として多いかというと断然《だんぜん》②である。しかも、6〜9

割を占めるほどだ。だから、**いかに相手のミスを誘うのかが戦略の基本**となる。

たとえば、相手がフォアハンドよりもバックハンドが苦手だったとすると、やはり**苦手なほうを狙っていくのがセオリー**になる。

あるいは相手の苦手な球種で積極的に攻めるということもある。高くバウンドするスピンボールなのか、低く滑《すべ》るようなバウンドをするスライスボールなのか、スピード重視のフラットボールなのか。

そうしたあらゆる選択をすることで、相手の体力や精神力にも少しずつダメージを与えていく。

すると相手は焦り、苛立《いらだ》ちを覚え、自滅的なミスが増え、やけになる場面も増えてくる。そうしたらこちらは畳《たた》みかけるように、さらに攻め続けていくのだ。

いかがだろうか。

この世界を見たとき、**小田凱人はなんて嫌なやつ**なんだと思われただろうか(笑)。

しかしこれは**あくまで、テニスのルールのなかで行われる話**だ。なにも日常生活のなかで、相手が嫌がることをして自分の利益を獲得しているという話ではない。

だからこそ、決められたルールに則《のっと》ったうえでならば、思う存分戦ってもいいのだ。**気迫と気迫のぶつかり合いのなかにこそ、情熱や、泥臭さ、熱狂といったドラマが生まれる。**だからスポーツは面白いのだ。

そのなかで**相手へのリスペクトも、当然忘れない。**本能と尊敬を両立させているイメージだ。

たとえば、アクシデントやサプライズだ。

車いすでのプレー中、勢いのあまり壁に激突したり、タイヤがスリップして転倒することがある。こういった**思わぬ事故が起こった場合は、決してラッキーなことなどとは思ってはいけない。**それはただの悪意でしかない。

すぐさま相手コートへ行き、手助けをすることが正しい。とくに車いすの場合、周りのスタッフらにも起き上がらせ方がわからない人はいる。だから、僕はできるだけ率先《そっせん》して協力するよう心がけている。

その他、相手選手のスーパーショットが決まったとき。

これは素直に、拍手《はくしゅ》でもって賞賛している。試合ではお互いがベストを尽くしたうえで勝利をつかみたい。だからこそ、相手の素晴らしいプレーを目の当たりにしたときは最大限の賞賛を送る。もちろん、僕がスーパープレーを見せたときは相手も称《たた》えてくれる。そうした切磋琢磨《せっさたくま》があるのも、テニスの醍醐味《だいごみ》である。

そうした**節度を持ち、ルールに則った世界のなかで、僕はとことん「勝ち」にこだわりたい。**

そのためなら僕は、なりふり構わず「嫌なやつ」になる覚悟を持っている。

僕だけのルーティン

スペイン出身のテニス選手、**ラファエル・ナダル**について紹介したい。

彼は、「**クレー・キング**」という異名《いみょう》を持ち、全仏オープン男子シングルスで14回の優勝回数を持つ（2024年4月時点）。この数字は、全仏の優勝回数で1位となっている（「クレー」とは、全仏オープンで使用される土のコート〈クレーコート〉に由来《ゆらい》している）。

また、全豪、全英、全米《ぜんべい》の優勝回数を合計すると、22回で歴代2位だ。


彼の魅力はたくさんある。

まずは何といっても、屈強な体格から放たれる強烈なフォアハンド。他の選手を圧倒するスピン量で、ネットを越えたあたりから急激に落下して、バウンドはとてつもなく高い。

また、精神面もすさまじい。

どれだけ**崖っぷちまで追い込まれても、決して諦めずに相手に立ち向かう。**そこから逆転で打ち勝つ試合を何度も演じてきた。特筆《とくひつ》すべきは、ラケット破壊を一度も行ったことがない点だ。これはテニスの歴史上でも、伝説となっているほど。

試合で追い込まれることで精神的な苦痛や苛立ちがつのると、多くの選手は八《や》つ当《あ》たりをしてしまう。とくに、ラケットを地面に何度もたたきつけて、ストレスを発散する選手が後《あと》を絶《た》たない。もちろんラケットは粉々に砕《くだ》けてしまうし、印象も最悪だ。観客からも当然、ブーイングが飛ぶ。

しかし、ナダルは違う。

どれだけ苛立ったとしても、八つ当たりはぜったいにしないのだ。これがナダルが人々を魅了する人間力なのだ。

さらに彼は、もう一つ伝説を持っている。

それは、**試合中に行う膨大《ぼうだい》な「ルーティン」**だ。

ルーティンとは、「習慣」ともいえるのだが、試合のなかでの行動をルール化していること。**集中力を高めたり、ゲンを担いだりする意味合いで行われる儀式的な動作**だ。

ナダルはそのルーティンが異常なまでに多く、しかも独特なことで有名なのだ。

例を挙げると、

・ベンチで飲むドリンクは2種類。飲んだあとは、地面に同じ向きに並べる
・プレー中を除いて、コート内に入るときは必ず右足から踏み入れる
・サーブを打つ前に、ズボンの食い込みを直して、左肩、右肩、左耳、右耳、鼻を触る

これらはほんの一部で、他にもたくさんのルーティンを織り交ぜながら試合に臨んでいるといわれている。

ちなみに、**僕にもルーティンがいくつかある。**せっかくなので、ここで紹介しよう。

【試合前】

・試合で使うウェアやテニスシューズは、試合以外では着用しない。たとえば、ホテルから会場への移動の際などでも身につけない。

・コートに入場したら、ラケットバッグをベンチに置く。そのとき、「小田凱人」の名前の刺繍《ししゅう》とスポンサーパッチがコート側に向くように置く。

・ラケットバッグを開けたとき、なかに入れているラケットは全部で6本、手前から3本分が新品で、奥の3本が使用中のもの。

・バッグに入っているラケットのうち、試合で最初に使用するものだけ、メーカーのロゴがプリントされている面を上に向けて収納している（残りはメーカーロゴが下向き）。

【試合中】

・サーブを打つ際、まずボールキッズ[※1]からボールを4球受け取る。そこから3つに絞

※1 コートの脇でボールを拾ったり、選手へ渡したりする少年・少女。

って、残り1球はボールキッズに返す。
・ボールを選ぶ基準は、以下の点を考慮する。①直前のポイントで使用したボールは使わない。②一番汚れているものは使わない。③毛羽立ち《けばだ》が少ないものを選ぶ。
・サーブのモーションに入る前に、ボールを地面につく回数は、ファーストサーブは4回で、セカンドサーブは6回。

僕にとって**ルーティンは、「勝ち続けるため」に必要な儀式**だ。試合は、相手との駆け引きで勝敗が決まる。つまり、相手が次になにを仕掛けてくるかという未来を予測しながら、行動をしなければならない。相手選手の動きに全集中しなければならない。つまり試合の展開は、僕の力だけではコントロールできない要素である。

であれば、**「試合」以外の要素は、すべてルーティン化してしまいたい**のだ。そうやって**物事をシンプルにすることで、相手のことにだけ集中できる**のだ。

ルーティンといえるかどうか難しいところだが、これ以外にも、僕は自分のショット

試合で持ち歩くラケットバッグ。
「小田凱人」の刺繍がコート側に向くように
ベンチへ置く。

によってエースを獲得した際に、**大きな声で「カモン!」と吠えて、ガッツポーズ**を取っている。が、じつはジュニア時代に**一度物議をかもしたことがある**のだ。無意識だったのだが、ガッツポーズを取る際にどうやら相手を見ながら行っていたようだ。それが威圧的だということで、試合後にクレームがついた。

じつは、国内の地域で行われる車いすテニスの大会は、ガッツポーズを取ったり、激しく吠えたりするような派手なパフォーマンスをする選手はほとんどいなかった。

そこに僕はずっと違和感を抱いていた。

寂しいというか、健常者のテニス界と比べてとても静かな世界だなという気持ちだった。

一方で車いすテニスの世界的な大会を見ると、みんな闘争心むき出しで、ショットでも声を張り上げ、ガッツポーズも派手なのだ。

そうした世界も含めて僕は車いすテニスに憧れていたから、周りが何と言おうと自分の思うパフォーマンスを取り入れていった。そのために相手側のチームメイトからクレームが入ってしまったという経緯《けいい》だ。

もちろんパフォーマンスをやってはいけない、というルールはない。だが、これまでの国内の車いすテニス界の慣習というか、それまでにないキャラクターが突然現れたので、受け入れがたかったのだろうと思う。

けれども僕は、そこでめげたりはしなかった。

周りが何と言おうとも、**自分が「やりたい」と思ったことだったからそれを最優先**したかった。闘争心をむき出しにし、勝つことに集中するための僕なりの「儀式」なのだ。

サーブを打つときは、ボールを3つ確保する。
毛羽立ちや、汚れがないかなども
ボールを選ぶ際のこだわりである。

当初、国内の大会では、僕以外の選手が派手なパフォーマンスをしているのをほとんど見かけなかったのだが、やがて1人また1人と、パフォーマンスをする方が増えていった。**今では車いすテニスのジュニアたちは、ほとんどが情熱的にテニスをしている。うれしい感情を爆発させたり、ガッツポーズを取ったりすることも当たり前**になった。

もしあのときのクレームによって、ガッツポーズや吠えることをやめてしまっていたら、今の車いすテニス界はもっと静かな世界だったかもしれない。

異なれ

誤解を恐れずにいうと、**僕はいたって普通の環境でテニスをしてきた。**親がプロテニスプレイヤーというわけでもないし、テニスに特別お金がかけられるという家庭環境でもなかった。テニスはお金がかかるスポーツであるため、小学生のころは週末だけ練習していた。

車いすも、中学2年生までは借り物を使わせていただいていた。欲しいものを何でも買ってもらえたわけでもない。いたって普通の環境で育ったのである。

あるとき僕は思った。

普通の環境で、普通の練習をしていて、ほんとうに世界一が獲れるのだろうかと。正直、イメージがまったくわかなかったのだ。

毎日、普通に練習して普通に試合に出て、普通にまた練習して……という大きな流れに身を任せていれば、ただ普通に時間が過ぎていくような危機感すらあった。

だから**人と違うこと、逆のことをしてみよう**と思うようになる。

健常者の練習に、1人だけ車いすの僕が交じって、参加した。僕が住む東海地方で上位に勝ち残るような健常者のジュニア選手たちの練習会にも参加した。

その他、**試合でもあえて自分のレベルよりも数段高い大会に出場**し、格の違いを味わったりした。

これが他の選手であれば考え方は違う。一般的には自分のレベルに合った仲間と共に練習を重ね、試合も自分に合ったレベルで勝てるようになれば、徐々にレベルを上げていくのがセオリーになる。

僕はあえて難しい環境に身を置いたことで、当初はまったくタイトルを獲得することができなかった。だが、それでも出続けることで徐々に勝ち上がるようになった。

人と異なる方向へ歩んだ先で、夢や憧れにぐっと近づくことができた出来事がある。
それは２０２１年に開催されたトルコの大会での出来事だ。

その前年（２０２０年）は、世界的に大混乱を巻き起こしたコロナ禍《か》で、国内はおろか国外も含めて大会が軒並《のきな》み中止を余儀《よぎ》なくされた。
そして**２０２１年春に、東京パラリンピック出場権獲得がかかるパラリンピックレースが再開**された。会場はトルコ。そこで行われる複数の試合で優勝を重ねて世界ランキングを上げられれば、僕がパラリンピックの出場権をつかめる可能性が出てくることがわかった。出場しない手はない。さっそくチームや家族と相談をしながら、遠征に向けて準備を進める。

……しかし、別の壁も立ちはだかることになった。
２０２１年はいまだパンデミックの真《ま》っ只中《ただなか》で、「海外への渡航《とこう》なんてもってのほか」

という空気が蔓延していた。**周囲からは、「危険を冒《おか》してまで行く必要はない」「コロナ禍で遠征に行かせるなんて」「未成年なのに大丈夫か?」とみなに反対されたの**だ。

だが、そこで僕がブレることはなかった。

トルコ大会へ乗り込むと、想像以上の参加者が集まっていた。なにせ、久しぶりに開催される国際大会だ。**日本国内の名だたる選手だけでなく、世界ランキング上位の選手まで出場**するほど。予想以上にレベルの高い大会となり、正直いうと、面食《めんく》らってしまった。

しかし結果は、出場した**三つの大会ともに優勝**することができた。

自分でも「まさか」という気持ちだったのだが、驚くべき出来事はこれだけにとどまらない。先の優勝を受けて、本来出場権を持たなかった別の2大会にも「推薦枠(ワイルドカード)」[※1]をいただき、出場することが許されたのだ。これに優勝すればランキングをさらに上向かせることができる。

そして、追加で出場した一つ目の大会も優勝した。だが残念ながら、最後の大会は決勝戦で敗退したことで、パラリンピックの出場権をつかむことができなかった。

パラリンピックという夢は叶わなかったが、世界ランキングは90位前後から一気に10番台まで上がった。**自分自身を大躍進させることができた**ことは素直にうれしい。

もし周囲からの批判に気《け》圧《お》されて出場を断念していたら、のちの最年少記録も獲得できなかったかもしれない。

これほどの出来事の数々は、今振り返っても信じられない。だがこれだけはいえる。「**自分を貫いた」ことは、間違いではなかった。**

人と同じことをしない、周囲の常識にとらわれないというように、「異なる」勇気を出した者だけにしか見れない世界や、景色が必ずあるのだ。

※1 大会への出場はランキング上位者から順に権利が与えられるが、ランキングが足りない選手に対しても大会主催者の推薦によって出場ができる。

「もう一人の自分」に相談しよう

突然だが、次に話すことを頭の中でイメージしてみてほしい。

今日あなたは、なにかしらの分野で大一番《おおいちばん》を迎える日である。そしてたった今、朝を迎えてベッドから起き上がる（僕の場合は、四大大会の決勝戦当日の朝だ）。

「失敗が許されない」「周りの期待に応えなければならない」。さまざまな想像が頭をよぎるなかで、あなたの気持ちはポジティブ、ネガティブどちらに傾きやすいだろうか？

「負けたらどうしよう」

「プレッシャーで押しつぶされそうだ」

「頭が真っ白になってきた」

このようなネガティブな感情がよぎるだろうか。

僕は、真逆の発想をする。

朝、僕は自信に満ちあふれて目が覚める。その気持ちのまま試合時間を迎えるまで、食事やウォームアップなどをこなしていくのだ。

そして**コートに入場する直前には、マッチポイントで鮮やかなショットを打ち、試合を締めくくっている姿までイメージ**する。そして、優勝したうれしさで雄叫びをあげているところまでも。

理想の自分を具体的に頭に焼き付けることで、気持ちが高まるのだ。

これは僕の性格なのかもしれないが、**「負けている自分」がまったく想像できない**のだ。調子の良い自分の姿だけが、勝手に頭の中に浮かんでしまう。試しに一度、僕自身に対して「今日は負けそうか？」と聞いてみたことがある。すると、もう一人の自分が「いやそれはないいな」というように一瞬で否定をするのだ。

もちろん試合中にピンチになる場面がある。「**このゲームを落としてしまうんじゃないか？**」という不安が頭をよぎるが、そのときも「**いや、むしろ燃えるでしょ？**」と、もう一人の自分があっさりとひっくり返してくるのだ。

こうした僕の中でのやり取りをわかりやすくたとえよう。それは、「**オセロ**」だ。**ネガティブな自分が「黒」、ポジティブな自分が「白」**だとする。

最初はネガティブ（黒）の番。

「ああ、今日の調子が悪かったらどうしよう」という一手を打たれたとする。するとすかさず、今度はポジティブ（白）が、「いや今日まで完璧《かんぺき》に仕上げたじゃないか」とひっくり返す。

そしてまた別のネガティブなイメージ（黒）が頭をよぎったら、すかさずポジティブ

「オセロ」で、ネガティブな思考をポジティブに上書きする

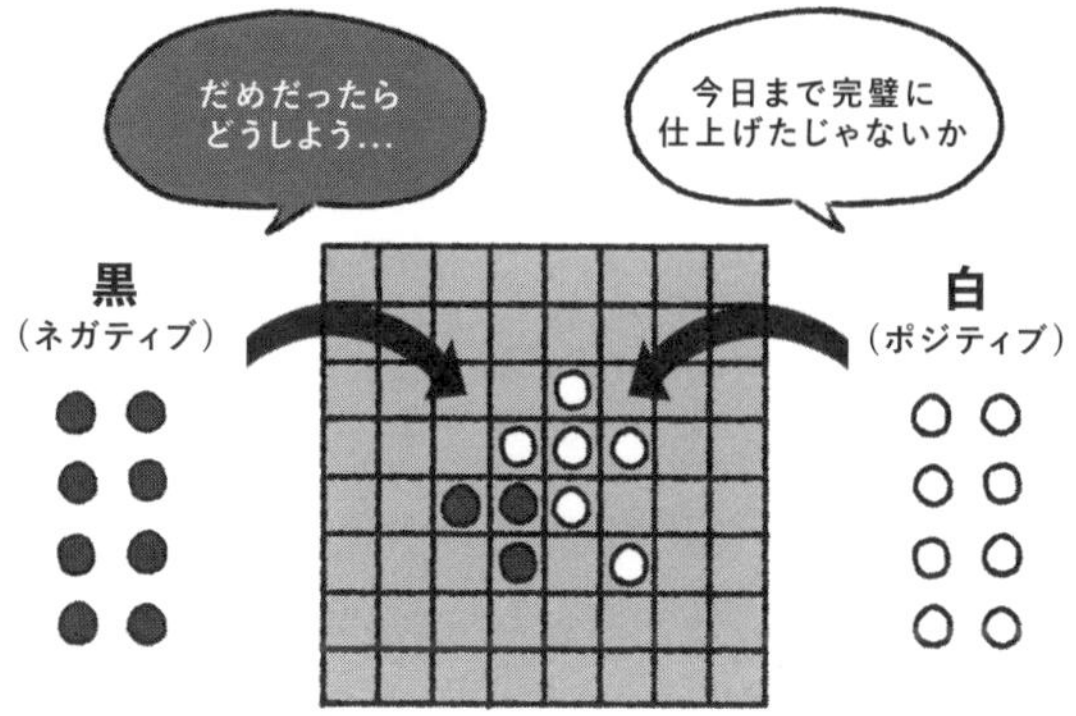
だめだったら
どうしよう…
今日まで完璧に
仕上げたじゃないか
黒
（ネガティブ）
白
（ポジティブ）

POINT 最後は必ず白（ポジティブ）が勝つようにする

なイメージ（白）で返していく。

そうして**最終的には必ずポジティブが勝つように仕向ける**のだ。

二つ目の方法も紹介する。

それは「**相撲**《すもう》」だ。

さきほどのオセロと違い、相撲の場合は「**拒絶」のような形でネガティブを押し戻すイメージ**だ。

ネガティブは西、ポジティブは東。

はっけよーい、のこった！　と二人の自分が取組《とりくみ》を開始する。

「緊張したらどうしよう」と、ネガティブ（西）が押してくる。するとポジティブ（東）は、「ぜったいに緊張はしたくない！」という否定の形で、力強く押し戻す。そしてまた西がネガティブな感情で押してきたら、東が「それは嫌だ」と押し戻す。そういう形での**押し合いによって、最後はポジティブの方が勝利する**のだ。このときも**大切なのはポジティブが必ず勝つ**ことである。

いかがだろうか。オセロと相撲にたとえて紹介したが、いずれもネガティブをポジティブにするという意味では、大した違いがないようにも見えるだろう。だがこの二つには、次のような違いがある。

オセロ：ネガティブをポジティブに置き換える。
相撲：ネガティブを跳ね返す。

大一番の舞台など「**誰も助けてくれない**」**状況では、セルフケアが重要**だ。**一方のやり方でうまくいかないとき、別のやり方で解決してみる**というように、手札を複数持っ

「相撲」で、ネガティブを拒絶するように押し戻す

緊張したくない！
緊張してきた
西
（ネガティブ）
東
（ポジティブ）

POINT 必ず東（ポジティブ）が勝つようにする

ておくと安心だ。この二つをぜひ使い分けてみてほしい。

そして最後に、**もっとも大切なイメージ**がある。

それは、「**初心**」だ。

もともと僕が試合のなかで、**緊張したり動揺したり、恐怖を感じることがほとんどない理由**にもつながる。

それは、僕が**今もテニスを始めたてのころの気持ちのまま**だからだ。9歳のころ、河川敷《かせんじき》にあるひび割れたコートで、好奇心にあふれてひたすらラケットを振

9歳のころに抱いていた
テニスへの情熱は、
今の自分の中にも
変わらず持ち続けている。

っていた。**そして今、世界最高峰の四大大会の舞台でさえも、河川敷のコートと同じワクワク感**なのだ。決勝で相手がすごいショットを打ったとしても、子ども心の自分が現れて「うわ！　すごい！」という気持ちもあふれる。

みんなも同じではないだろうか。

「やりたいこと」に初めて触れたときのことを思い出してみてほしい。

きっと、**ワクワクや好奇心、もっとやりたい、楽しい、そんな純粋な気持ちにあふれていた**だろう。

その気持ちを**いくつになっても、どんな場面になっても忘れず持ち続ける**のが大事である。

ぜったいに失敗が許されない大きな舞台であればあるほど、プレッシャーが大きくのしかかり、ネガティブな感情に傾きやすくなるが、そんなときこそ初心を思い出すことで、押し寄せてくるネガティブを跳ね返すことができるだろう。

「まあいっか」の極意

僕は、怒ることのない人生を歩んできた。

もちろん、心がない、という話ではない（笑）。ロボットになれ、という話でもない（笑）。

僕は**何事も「気にしない」タチ**なのだ。


日々暮らしていると、いろんな災難が降りかかるものだ。

突然雨に降られたり、石につまずいて転んだり、知らない人にぶつかられたり、相手に嫌なことを言われたり……。誰もが経験したことがあるだろう。

なにも悪いことをしていなくても、不測の事態は起こるもの。もしあなたが、これらの災難に遭ったとしたら、どういう気持ちになるだろうか？

「なんで自分だけ」という風に、怒りがわいてしまうだろうか？

僕もテニスで世界を回るなかで、さまざまなトラブルに見舞われる。

たとえば、試合当日、僕の順番より先に行われている試合が長引いたことがある。予定していたスケジュール通りに進まないため、運営側の判断で僕の試合を急遽《きゅうきょ》、別のコートで前倒しで始めることが決まった。そのとき僕は食事中だったので、慌《あわ》てて試合の準備に向かわなければならなくなったのだ。

試合前というのは、とくに気持ちがピリピリする時間なのだが、こういったアクシデントで怒りがわき、精神的なダメージとなって試合に影響する選手もいる。

「怒り」というのはそれくらい、**歯車を狂わす要素**なのだ。

その点で、怒りをあまり知らない僕はほんとうに助かっている。**どんなトラブルが起こっても「まあいっか」という風に受け流してしまう**のだ。

はっきりいって**「怒り」なんてものは、どんどん捨てていかないとキリがない。**そうでもしないと、試合は乗り越えられない。あれもこれもこだわりすぎると、すべてを思い通りにしないと気が済まず、しまいには怒りに変わる。

それによって、**一番大切な「試合に勝つ」ということへの集中が遠のいてしまう**のだ。

ちなみに、**なぜ「まあいっか」という気持ちになれるかというと、試合当日までに「完璧に準備ができている」**からだ。試合に向けて徹底的なトレーニングを行い、「これでぜったい優勝できる」というところまで自分をしっかりと高めている。だからこそ、自分自身以外のところでトラブルが起こっても、関係ないのだ。

試合が突然前倒しで行われることになり、ウォームアップの時間が短くなっても平気だし、車いすが現地で壊れてしまったとしても誰かに借りて行えばいい。もっといえば、ラケットが無くなってもどこかで調達してしまえばいい。

僕にとって、**どんなアクシデントが起ころうとも、最後に「勝ちさえすれば」すべてOK**なのだ。だからこそ、**「勝ち」に集中するためには、余計なものを捨て置いていくのが一番**というわけだ。

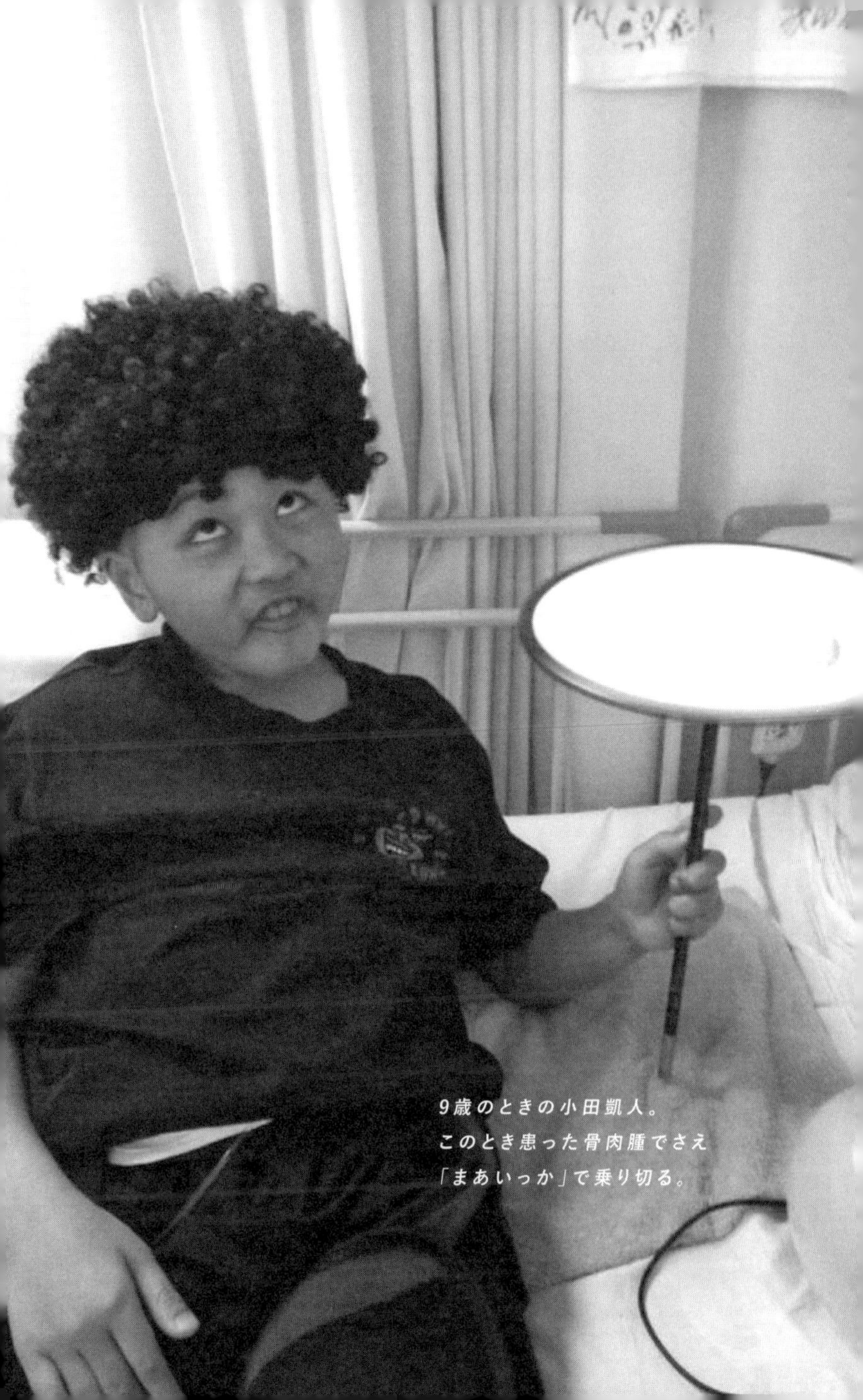

9歳のときの小田凱人。
このとき患った骨肉腫でさえ
「まあいっか」で乗り切る。

さらに、究極的な話をしよう。

僕が**9歳のときに骨肉腫を患ったときでさえも、「まあいっか」のような気持ち**だった。「なんで僕なんだろう？」とは思ったのだが、それも、怒りとしての発露《はつろ》ではなく、純粋な疑問としての「なんで僕なんだろう？」といった、考えるためのきっかけのような捉え方をしていた。それによって僕は**悲劇ではなく、転機という答えを導き出せた**のだ。

誰にでも自分にしっくりくる「受け流し方」があるはずだ。僕の場合は「まあいっか」。たとえば、「ふ〜ん」と、興味ない風の言葉でもいい。「関係ないね」と無視するのもいいだろう。あるいは、思い切り笑い飛ばして、ギャグにしてしまう方法だってある。

もし思いもよらぬトラブルが起こったときはチャンスだ。うまく受け流す方法を試すための実験の場として楽しんでみてほしい。

「集中力のスイッチ」を入れろ

試合で勝つために大切な要素は「**集中力**」だ。

僕にとっての集中力とは、「**勝つ」ことにだけ「フォーカス」している状態**を表している。

僕が中学1年生のころ、ジュニア選手の強化合宿に参加した際にコーチから「マンダラート」を作る宿題が出された。

マンダラートとは、マス目一つひとつにアイデアを書き込むことで、思考を整理したり、アイデアを広げたりするための技法だ。紙と鉛筆があればできるので、手軽な発想法・思考法としてスポーツ選手の間でも活用されている。ちなみに、仏教の曼荼羅模様《まんだらもよう》に似ているため、曼荼羅＋アートで、マンダラートと名付けられたそうだ。

このマンダラートのなかにある、**「頭はピリピリ　体はリラックス」「次へ次への心」が、僕にとっての集中力が高まった状態**に当てはまる。

「頭はピリピリ　体はリラックス」は、**試合開始から、ゲームカウント**※1**で相手をリードするまでの状態**だ。ゲームカウントが相手と互角の場合は、自分がリードする展開、相手にリードされるかもしれない展開など、さまざまなシチュエーションを頭のなかで想定する。そして、あらゆる展開にフィジカルが対応できるよう柔軟《じゅうなん》に考えて、相手からリードを奪っていく。

「次へ次への心」は、**ポイント間での集中力**につながっている。

自分がミスしたポイントでも自分が獲得したポイントでも、常に「この次が大事だ」

※1 テニスの得点は「ポイント」「ゲーム」「セット」という単位に分かれる。4ポイント獲ると、1ゲーム（ポイントが3対3で並んだら、先に2ポイント連取したほうが勝ち）。6ゲーム獲ると1セット（ゲームが5対5で並んだら、先に2ゲーム連取したほうが勝ち。なお、6対6となった場合はタイブレークとなる）という形で試合が進む。タイブレークは、7ポイント先取（5対5になったら、2ポイント連取するまで続く）した側がセットを獲る。1セットマッチは先に1セット獲ったほうの勝ち。3セットマッチは先に2セット獲ったほうの勝ち。5セットマッチは、先に3セット獲ったほうの勝ちとなる。

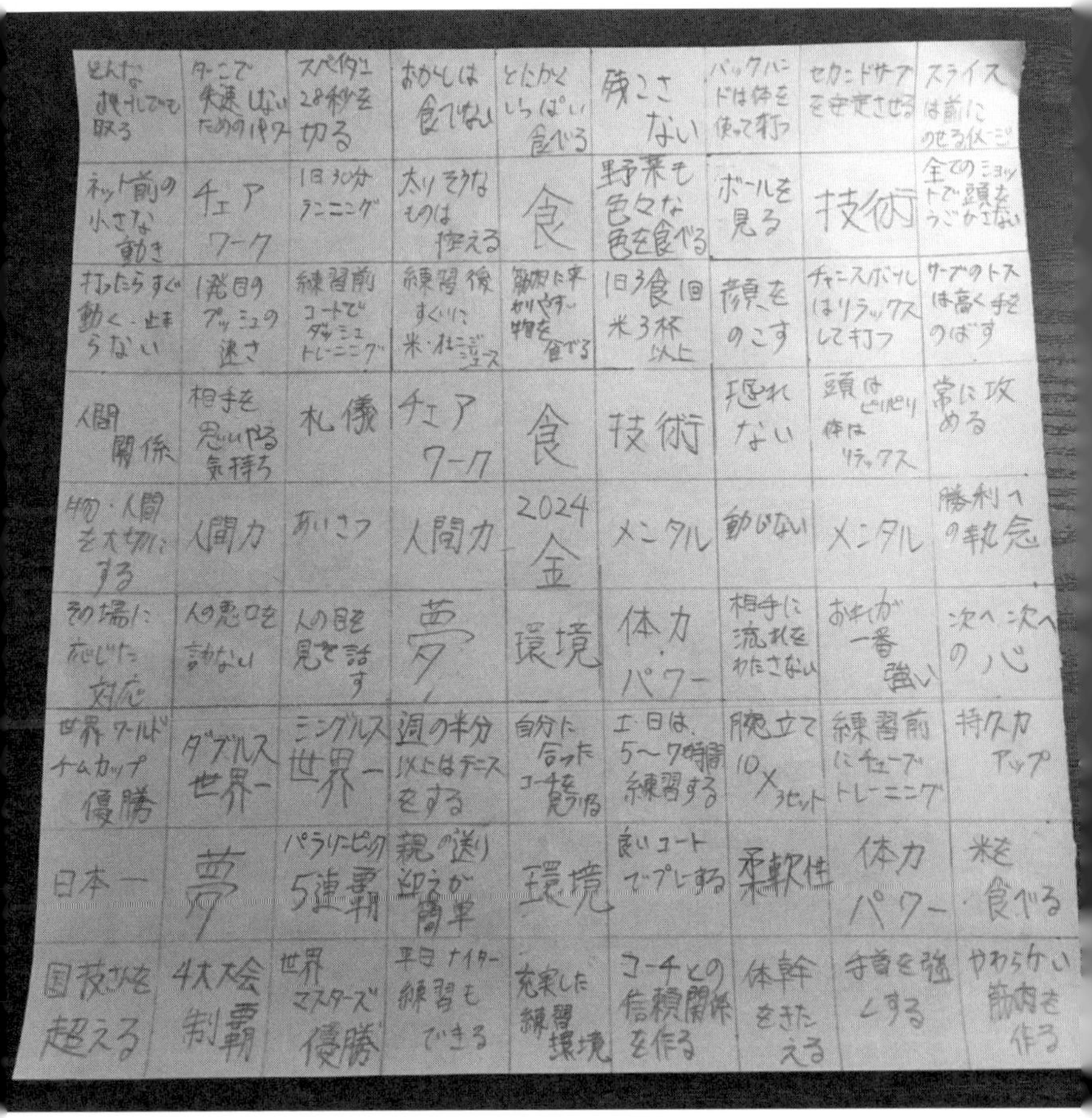
どんなボールでも取る
ターンで失速しないためのパワー
スペイダー28秒を切る
おかしは食べない
とにかくいっぱい食べる
残さない
バックハンドは体を使って打つ
セカンドサーブを安定させる
スライスは前にのせるイメージ
ネット前の小さな動き
チェアワーク
1日30分ランニング
太りそうなものは控える
食
野菜も色々な色を食べる
ボールを見る
技術
全てのショットで頭をうごかさない
打ったらすぐ動く・止まらない
1発目のプッシュの速さ
練習前コートでダッシュトレーニング
練習後すぐに米・おにぎり・ジュース
筋肉に変わりやすい物を食べる
1日3食1回米3杯以上
顔をのこす
チャンスボールはリラックスして打つ
サーブのトスは高く手をのばす
人間関係
相手を思いやる気持ち
礼儀
チェアワーク
食
技術
恐れない
頭はピリピリ体はリラックス
常に攻める
物・人間を大切にする
人間力
あいさつ
人間力
2024金
メンタル
動じない
メンタル
勝利への執念
その場に応じた対応
人の悪口を言わない
人の目を見て話す
夢
環境
体力・パワー
相手に流れをわたさない
おれが一番強い
次へ次への心
世界ワールドチームカップ優勝
ダブルス世界一
シングルス世界一
週の半分以上はテニスをする
自分に合ったコーチを見つける
土・日は5〜7時間練習する
腕立て10×3セット
練習前にチューブトレーニング
持久力アップ
日本一
夢
パラリンピック5連覇
親の送り迎えが簡単
環境
良いコートでプレーする
柔軟性
体力・パワー
米を食べる
国枝さんを超える
4大大会制覇
世界マスターズ優勝
平日ナイター練習もできる
充実した練習環境
コーチとの信頼関係を作る
体幹をきたえる
手首を強くする
やわらかい筋肉を作る

中学1年生のときに書き上げたマンダラート。合宿に参加した他の生徒と比べても、具体的に書き上げていたことで、コーチから絶賛された。

と考えている。「次」**というのは、つまり直前のポイント**（＝過去）**を引きずらず、新たな気持ちで次のポイント**（＝未来）**に臨む**というスタンスだ。１ポイントごとにフレッシュな気持ちで取り組むことが大切なのだ。

それから僕は、**自分への「声がけ」**を大切にしている。これも自分自身の集中力をコントロールするために、大切な技術となっている。

僕がよく使う言葉は、次のとおりだ。

「ＯＫ、ＯＫ、次行こう！」（ミスしたとき、次に集中するための言葉）
「ここ獲れたら楽になるぞ」（相手からリードを奪うために、積極的な心にする言葉）
「ここ一本！」（この１ポイントはぜったいに落とさない、と奮い立たせる言葉）

もともと僕は、心の声を言葉で発することは恥ずかしいと思っていた。けれども、**試合中にはっきりと口に出すことで、明らかに自分の心が強くなる実感**を得られた。それ以来、どんな試合でも必ず自分に声がけをしている。

声に出すとなぜ効果があるのか、これには僕なりの「仕組み」がある。

心のなかで「思う」だけだと、その言葉は心のなかだけにとどまった状態だ。

一方で、心で思った言葉を口に出すと、耳で聞くことになる。すると耳で聞こえた言葉は、脳に伝わり「理解」するのだ。つまり血液が身体を循環《じゅんかん》するように、**心で感じているる気持ちを口から「言葉」として発し、耳、脳という流れで、身体全体に巡らせている状態をイメージ**している。それによって、身体が活性化するのだと思う。

もちろん科学的な根拠に基づいた話ではないが、僕はそう「信じて」言葉にし続けているのだ。

一方で、**集中力が切れたときの状態**についても考えてみよう。

一言でいうと、**うまくいっていないときに心のなかで起こる負の連鎖《れんさ》**が原因だと思う。

「声」は心の中だけでは理解できない

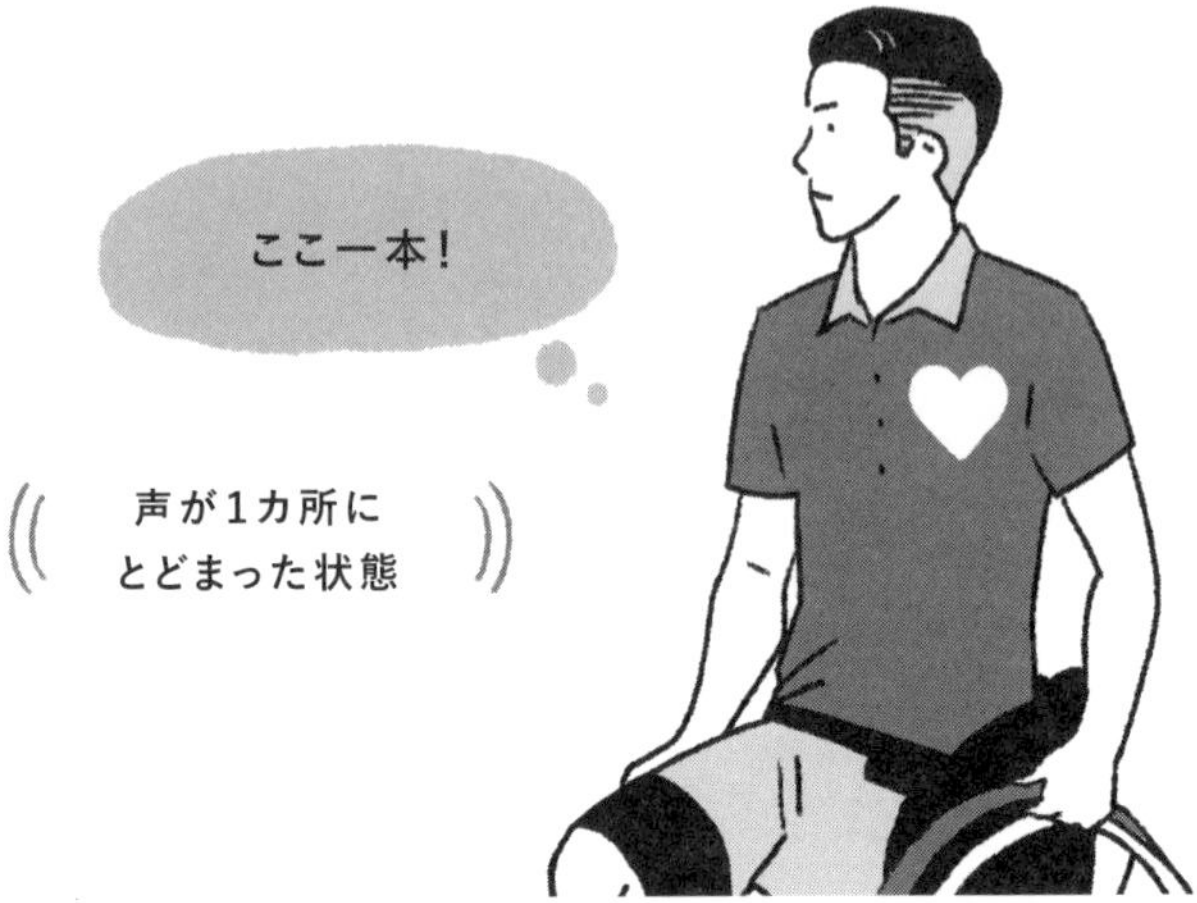

うまくいかない
←
ああ、どうしよう
←
うまくいかない
←
もうダメだ

これの繰り返しによって、沼から抜け出せなくなるといえる。

解決法は、結局のところ「練習あるのみ」となる。**うまくいかなかったことができるようになるまで、失敗をしなくなるまでひたすら鍛錬する**しかない。

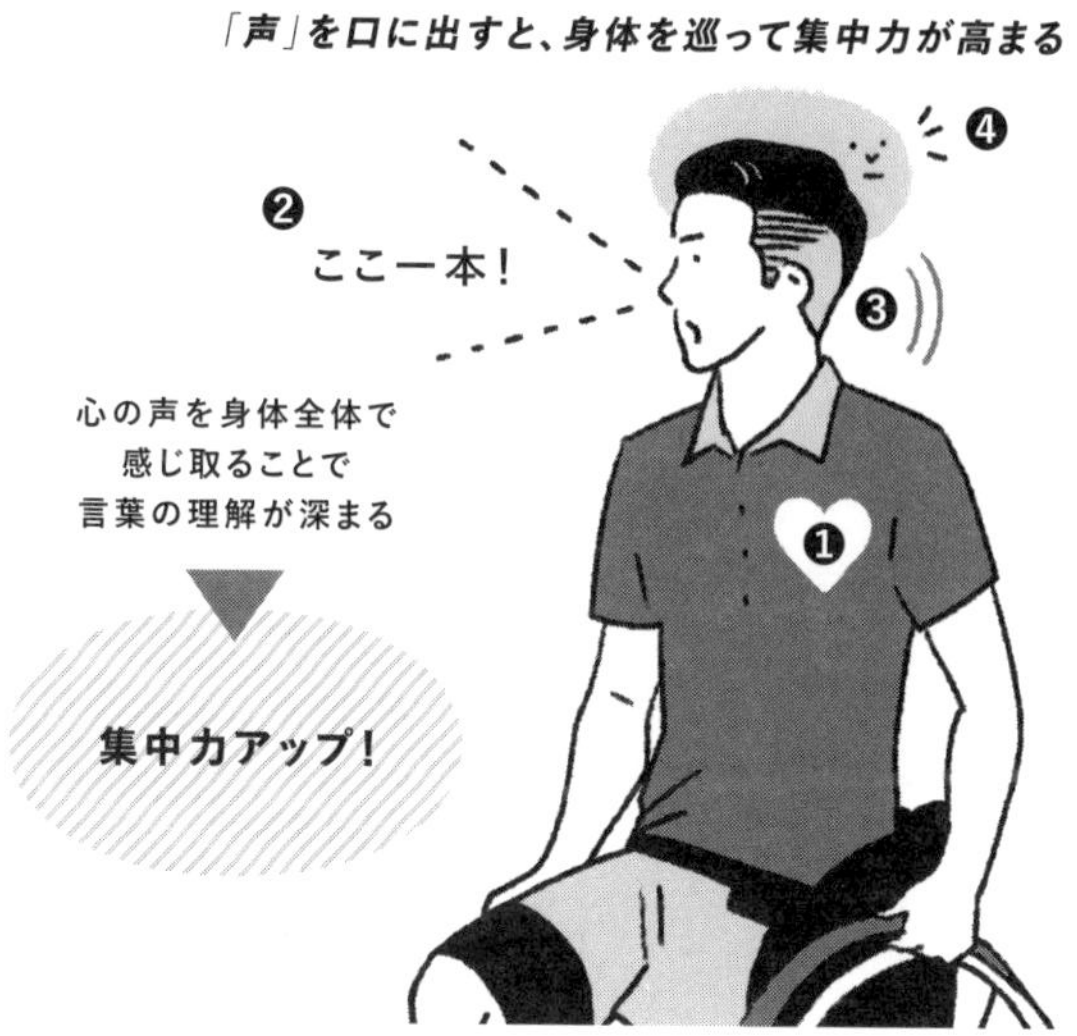
「声」を口に出すと、身体を巡って集中力が高まる
❷
ここ一本！
❸
❹
❶
心の声を身体全体で
感じ取ることで
言葉の理解が深まる
集中力アップ！

そうして、本番でも失敗しないようにすることで、集中できている状態をつくりあげるのだ。

集中力をいかに維持するか、それはスポーツ全般にとどまらず、どんな分野の方にとっても永遠の課題といえるだろう。その日の体調、天候、起きた時間、食べるものなど、集中力に影響するものを挙げ出すとキリがない。

だからこそ、別の項で紹介したルーティンは大切になるだろう。

僕の場合は「勝ち」だけに集中するために、その他のことをすべて儀式化して、余計なことに思考力を使わないようにするのだ。つまり、**「声がけ」もルーティンの一種としていく**といいだろう。

どんな言葉をかけるかは、人によってさまざまだ。

たとえばミスしたとき、「大丈夫、いつものようにやればできるんだから」となぐさめてあげるように声を出すことも良い。

ちなみに**僕は、あえて厳しい言葉を投げかける**ことがある。

「へたくそ！」

「おいおい、なにしてる！」

「おまえ、ここで負けたらやばいぞ！」

「みんな観てるんだぞ！」

あえて**厳しい言葉を自分に投げかけると、僕はむしろ燃えてくる**（笑）。そして、次のポイントではぜったいに「獲ってやる」という気持ちになるのだ。

そして、ポイントが獲れれば喜びのあまり「カモン！」と吠えてギアを一気に上げる。つまり、前のポイントのときに「責め立てる自分」が現れて、その自分に打ち勝つことができたという事実が生まれるのだ。それが集中力の本質だし、一つ前の自分より成長できた証拠ともいえるのだ。

「声」は、勝利を引き寄せるために欠かせない技術である。

Chapter 5

「なりたい自分」は決まったか

今と未来のイメトレで、ゴールに一直線

ヒーローになりたい

僕はインタビューなどで、**「子どもたちのヒーローになりたい」**と発言している。

2022年4月、僕は15歳のときにプロの車いすテニスプレーヤーになった。子どものころに描いていた夢の一つが叶った瞬間である。それまでは、自分のために活動をしてきた一方、プロに転向すると職業として活動をすることになる。

つまり**スポーツ選手として社会に飛び込む**ことになるのだが、**「プロとして社会にどのような影響をもたらしたいかを考えたとき、僕は「ヒーローになる」のが自分らしい**と感じたのだ。

なぜヒーローなのか。小田凱人が考えるヒーローとはなにか。

一言で「ヒーロー」といっても少し漠然《ばくぜん》としているから、**僕がヒーローになりたいと**

考えるようになったきっかけを紹介したい。

僕にとって、**ヒーローの原点は仮面ライダー**だ。

僕がまだ幼《おさな》かったころ、父の影響で大好きになった。どれくらい好きかというと、父が子ども時代に観ていた仮面ライダーや、V3といった過去のシリーズまですべて観ているほどだ。父と一緒に、バイクのヘルメットを仮面ライダー風にカスタマイズして遊んだりもした。

もちろん子ども心に憧れていた存在なので、仮面ライダーに対して深い哲学を持っているわけではない。あくまでフィクションの世界の存在として**純粋に「かっこいい」**と感じていた。

やがて、僕の身近に、**まるで仮面ライダーのような「ヒーロー」**が現れることになる。

その人物は、**人呼んで「ドイショウ」**。本名は伏せるが、名字と名前を省略したニックネームだ。僕が小学1年生のころに出会ったのだが、そのとき彼は小学5年生だった。

爽《さわ》やかで、イケメンで、足が速くて、サッカーもうまい。絵に描いたような、かっこいいお兄さんだったのだ。

だが、相手は4学年も上のお兄さんだ。小学1年の僕なんか相手にしてくれるわけがない。だが僕は、どうしてもあのかっこいいドイショウとお近づきになりたくて仕方なかった。

そしてある日、**下校中にドイショウに勇気を振り絞って、「今度サッカーをやるときは仲間に入れて？」と話しかけてみた。**

すると次の日、ドイショウはサッカーボールを持って僕の家を訪《たず》ねてきてくれたのだ。ちなみに僕が住んでいる近所では、ドイショウはちょっとしたアイドル的存在だったので、僕の母親も、「あのドイショウが家に来た！」と驚いていた。親たちの間でも「あの」が付くくらい、彼の存在は大きかったのだ。

僕はもっと遊んでほしくて、当時、ドイショウやその同学年の友達が遊んでいたニンテンドーDSを親にねだって買ってもらい、さらに仲良くなっていった。公園の滑り台

小学生のころ父と一緒につくった、
仮面ライダーV3のヘルメット。
小田凱人の掲げるヒーローの原点は、
仮面ライダーとドイショウに育まれた。

の上で、一緒に対戦ゲームをしたことは今もはっきり覚えている。

そうした関係がしばらく続き、やがて、ドイショウは僕の家に繰り返し遊びに来てくれるようになった。

僕のヒーローの原点は、仮面ライダーだと述べた。ただ、それはあくまでテレビの向こう側、つまりファンタジーの世界だから手は届かない。

そういったもどかしさもあって、仮面ライダーのような存在を身近な現実にも求めていたのかもしれない。そして僕の前に颯爽《さっそう》と現れたのが、まさにドイショウだったのだろう。

彼と接するなかで、**僕は「人へのやさしさ」を教えてもらった。**

小学1年生のころの僕は、ものすごい勇気を振り絞って、小学5年生の憧れのヒーローに話しかけた。

ほんとうならこれだけ年の離れた子を相手にするなんて、楽しいはずはなかっただろう。けれども彼は一緒にサッカーをしてくれたり、一緒にゲームをしてくれたりと分け隔てなく接してくれた。
それはひとえに、彼の持つ「やさしさ」によるものだ。
僕は彼の背中を見て、こういう人になりたいと考えるようになった。
プロの車いすテニスプレーヤーになった今、**僕もテニスを通じて、ドイショウのように子どもたちに憧れてもらえるようなヒーローになりたい**のだ。

では小田凱人は、子どもたちにとって「どういうヒーロー」でありたいか。ドイショウをヒーローたらしめたのは、「やさしさ」だった。

僕は、**「自分らしく」「自由である」ことを貫くのが、小田凱人としてのヒーロー像**だと考えている。

「何のためにテニスをしているのか?」そう問われたとき、単に「生活のため」「ご飯を食べるため」であれば、僕は職業としてのテニスを選んでいなかっただろう。お金だけのためなら、稼《かせ》ぐ方法は世の中にたくさんある。

僕がテニスをするのは、「自分らしくあるため」。つまり、**稼ぎや、生活のためだけでは計れない、「自分だけの美学」を持つことを、これからの子どもたちにぜひ知ってほしい**のだ。

車いすに乗って、テニスコートを駆け回り、全力でボールを追いかけ、精一杯ラケットを振り切る僕の姿を見て、ぜひ「自由」を感じ取ってほしい。

その先に、自分だけの「夢」と「美学」を描いてほしいと願う。

「国枝さん」と「憧れ」

僕がテニス選手に憧れるきっかけを作ってくださった、国枝慎吾さんについて語らないわけにはいかない。

いろいろな場所で**「憧れの存在」と語ってきたが、じつのところ僕のなかでは「不思議な存在」**という風にも感じている。

たしかに僕は国枝さんのプレーする姿を動画で観て、テニスの世界にのめり込んだ。それは間違いない。そして国枝さんのようになりたいという夢を描きながら、テニスに励んだ。前の項でも何度か書いてきたように、国枝さんのフォームや表情まで、細かくコピーしようとしたこともある。

けれども途中で気づいた。

僕は**国枝さんに憧れているのだけれど、プレースタイルも全然違うし似ているところは少ない**のではないかな、と。憧れていて、「そうなりたい」と願っているのに、心のなかには「彼とは違う」という思いも芽生えてきた。**理想と現実に少しずつズレのようなものが生じて、複雑な心境を抱く**ようにもなった。

2019年に日本で開催された「楽天・ジャパン・オープン・テニス・チャンピオンシップス2019（現・木下グループジャパンオープンテニスチャンピオンシップス）」のダブルスで、僕は初めて国枝さんと試合で相《あい》まみえることとなった。

そのときの感情は、やっぱり「試合ができてうれしかった」が強かった。やはり僕はこのときも対戦相手というよりも、憧れという目で見ていたのだった。

このまま僕は国枝さんのことを「憧れの存在」として見続けていいのだろうか。

僕はいよいよ、**国枝さんに対して憧れから卒業しなければならない**という覚悟を持つようになった。

その後、コロナ禍などの影響で大会中止などが相次ぎ、再び国枝さんと対決したのは、2022年1月、オーストラリアで開催されたメルボルンオープンだ。

このときの**僕の国枝さんに対する意気込みは、「ぜったいに倒すべき相手」**だった。

小学生のときからずっと抱いていた国枝さんへの憧れは、すべて過去に置いて臨んだ。

結果は、残念ながら僅差《きんさ》で負けてしまった。負けはしたが、僕はこのときついに国枝さんと互角に近い勝負ができたのである。

こうして僕は、「憧れの国枝慎吾さん」を卒業した。今振り返ってみると国枝さんに対する「憧れ」には、さまざまな思い出が詰まっていた。

それは、次のようなことだ。

夢を与えてくれた
←ずっと見続けたい
←真似したい
←同じ舞台に立ちたい
←認められたい
←超えたい

もちろん、国枝さんのほうから僕をそのように仕向けたわけではない。あくまで僕のなかにある「国枝慎吾像」が膨《ふく》らんでいった結果だ。**国枝さんは、僕をどんどん強くし**

てくれる存在だった。

残念ながら国枝さんに勝つことは叶わなかった。だけど僕は十分に「憧れた」から今はもう満足している。

ただし、これだけは言いたい。

引退をされたにもかかわらず、僕は今でも国枝さんをお見かけすると「うわ、国枝さんだ！」と、童心に戻ってしまう（笑）。

結局、僕にとってはこれからもずっと「憧れ」なのだ。

「ブラックな自分」を持とう

勝負には「負け」もつきものだ。

というか、**トーナメントでの優勝者以外は必ず「負け」を味わう**ことになる。僕もここまでの道のりで、何度も負けを味わってきた。ここでは、僕が考えている「負け」の捉え方についてお話しをしたいと思う。

テニスとは、勝負のなかにも相手へのリスペクトやマナーが求められる複雑な競技である。先にも述べたが、たとえば、相手にスーパーショットを打たれてポイントを獲られたとき。もちろん悔しいが、素晴らしいショットに対して、拍手を送ることもある。

このように、「ぜったいに勝つ！」という闘争心のぶつかり合いのなかに、相手への配慮も求められるのがテニスという世界だ。

この世界でとりわけ難しいのは、自分が負けたときにも同じような振る舞いが求められる点だろう。

正直に話すと、**「負け」はほんとうに辛い。**もちろん、負けが嫌いなのは誰だって同じである。失敗や敗退を味わったとき、そこから逃げ出したくもなるだろう。だがこの辛い感情や経験というのは、じつはとても大切なことだ。

僕が負けを味わったとき、次のような感情に襲われる。

- 恥ずかしい
- 辛い
- 誇らしくない
- 人には言いたくない
- ダサい

このとおり、良いことは一つもない。

僕は**「負け」を正当化することはぜったいにしない。**一周回って「負けて良かった」というようなこともない。つまり、負けはぜったいなのだ。

なぜ負けという経験をポジティブな方向に考えてはいけないのか。それを繰り返すことで次第に「負けは悪いことではない」という、感情のねじれが生まれるのだ。「試合に勝つ」「ぜったいに負けない」という試合の本質からそれてしまう恐れがある。

「負けてから気づく」では遅いのだ。

練習は何のために行っているか？「負けないため」「勝つため」である。

だから負けたあとにあれこれ考えたり正当化したりするのではなく、事前にきちんと準備する必要があるということだ。

もちろん、「負けて得られるものもある」という考え方も否定はしない。だが、**負けのなかに可能性を見つけようとする行為をクセにしてはいけない。**そういう考え方で試

「負け」だけは、ポジティブに変換することはしない。
ドス黒い物体のようなイメージとして
心の中に保存している。

合に臨めば、負けはどんどん僕のほうへ近づいてくるのだ。

だからこそ完璧に拒絶しなければならない。もし、ほんとうに「負けて得られるもの」があるのであれば、それも含めて準備期間のなかで獲得するべきだ。**試合に臨むときは、「負ける要素が一つもない」という心持ちでいる。**予習を徹底的にしておくのだ。

僕は本来、世の中で起こる出来事をポジティブに受け止めていく性格だ。だがその分、「負け」だけは、ポジティブに変換することはしない。ドス黒い物体のようなイメージとして僕のなかに持っておくのだ。ちなみに最近の大きな負けは、2023年9月にアメリカで行われた**全米オープンでの1回戦敗退**だ。

その翌年の1月に行われた全豪オープンでは優勝することができた。だがそれが、「全米オープンでの敗退があったおかげ」なんてことはまったく思わない。「もし全米オープンで優勝していれば、『生涯グランドスラム』[※1]を獲得できていたのに……」と、今も色濃く残っている。

「負け」をそのまま受け止めて、今の自分がいる。**悔しさも恥ずかしさも悲しさも、すべてあの当時のままの感情を今も自分のなかに「保存」**している。

過去の苦い思い出を正当化させないよう、「ブラックな自分」を持ち続ける。そうすることで、当時の辛い感情も風化しない。そしてまた同じ相手と対戦して勝つことができれば、「過去の自分」をひっくるめて乗り越えることができるのだ。

※1 選手としてのキャリアのなかで、四大大会すべて優勝すること。

これからも、ドリーマー

2022年にプロの車いすテニスプレーヤーとなり、そこから約2年間でさまざまなタイトルを獲得することができた。

同時に周りからはさまざまな「タグ」をつけていただく機会が増えた。

・史上最年少記録
・世界王者
・世界ランク1位
・グランドスラム優勝

こうした評価は、僕自身もありがたいと思うし誇らしくも思っている。

だが、これらは**あくまで結果に過ぎない**と思っているし、これらの評価をいただいたからといって**「王者として」「チャンピオンとして」といったような、気持ちの面での変化というのは正直あまり感じていない。**いやむしろ、別に変わる必要もないとすら感じている。

なぜなら**僕はこれからも「ドリーマー」**だからだ。
まだ**「夢の途中」**なのだ。

人によっては、一つの目標を達成したことによるバーンアウト（燃え尽き症候群）を引き起こしてしまうこともある。
たとえば受験に合格することが目的となり、達成したら真っ白に燃え尽きる状態だ。ほんとうは、その先にある未来が本番だったはずなのに、**ゴールの置き所やモチベーションの定め方がズレてしまっているのが原因の一つ**なのだろう。
つまり、**物事を「勝ち」か「負け」だけで見てしまうと、仮に結果が出たときに悪い**

意味で「達成感」が生まれてしまうのだ。

そうではなく、「どういう試合ができたのか?」「どういう取り組みができたのか?」というような**プロセスにフォーカスできるほうが心も健全であり続けられる。**そこからさらに「じゃあ、このあとどういう風に成長したいか」という、未来を描いていくのだ。

「自分を生きている」とは、夢を描いたり想像したり、実現に向けて進んでいる状態を指す。それがまさに僕が掲げる「ドリーマー像」である。

僕は**「夢中」という言葉が大好き**だ。

そう、**「夢から覚めちゃいけない!」**のだ。いくつになっても、ロマンと野望と情熱を持ち、自分を信じ続けてほしい。

凱人へ――お母さんからの手紙

お母さん、あなたが骨肉腫になったときのことで、謝りたいことが一つあります。

病院で検査をして、病名が発覚したころの話です。あのときの私は、ひどく動揺していました。「骨のガン?」「どうして?」「もしかしたらこの子を失ってしまうんじゃないか……」。考えたくないけれど、いろんな不安がどっと押し寄せてきて、とてもこわかった。

けれど、お医者さんとじっくり話をしていくなかで、しっかり治療をすれば助かる確率は高いと教えてもらいました。

それを聞いたとき、ホッとしたのと同時に「ぜったいに治してみせる!」と、母としての決意が固まったことを覚えています。

だからお母さんは、あなたにひとつだけ嘘をつくことにしました。

「手術をしたら、またサッカーができるよ！」

もちろん病院の先生からは、「本人には、正しく説明をしてあげて治療に取り組んでもらおう」と、アドバイスされました。だけど私は「凱人を不安にさせたくない」という思いが勝《まさ》ったのです。抗がん剤治療という言葉でさえ、「化学療法」と言い換えて凱人に伝えていました。できる限り、治療が怖いものだと思わせないようにしたかったからです。

凱人、ごめんね。
大好きな「サッカー」という言葉でごまかして、あなたを奮い立たせようとしていました。

でも、手術を経てリハビリに励むなかで、あなたは密かに「サッカーはもうできないだろう」と、心の整理を始めていたよね。入院中のある日、私に一言つぶやくように言ったのを覚えていますか？「サッカーはもう無理かも……」って。「サッカーやりたい！　サッカーやりたい！ってダダこねないの？」と、少しからかうように尋ねてみると、すかさず「オレがそんなこと言うわけないやん！」という返事が。ニヤリと笑う大人びた表情を見て、ほんとうはお母さんが思っていたよりもずっと、大人だったのだと驚きました。

それから間もなく車いすテニスに出合い、夢中になっていく姿を見て、お母さんは「これで凱人も、また楽しく人生を歩める」なんて思ってしまいました。

……けれど、現実はそう甘くなかったね。

ほんとうに大変だったのは、退院したあとの暮らしでした。とりわけ、学校生活の変化は耐えがたいことがたくさんあったと思います。

みんなと一緒に走り回れない。

大好きな体育の授業に出られない。

遠足に行っても、みんなと遊び回れない。


今までできていたことができないという現実は、自分を見失うことと同然だったでしょう。悔し涙を流したのは一度や二度ではなかったね。

そんな日々が1年くらい続いたと思います。けれど、お母さんは「凱人なら大丈夫」って、ずっと信じていました。なぜなら、そこから這《は》い上がるのが「小田凱人」だって知っていたから。


思えばあなたは、なにをしても一目置かれる存在だったね。地元のサッカークラブでは、コーチから「筋がいい」と褒めていただき、運動会ではリレーの選手に抜擢。近所で歳の近い友達の間では、リーダー的な存在でみんなを引っ張っていました。

入院していたときもそう。当時の小児病棟では、誰よりも目立っていました。抗がん剤治療やリハビリはしんどかったはずなのに、みんなを笑わせ、周りを明るくするのが日課だったね。すると患者さんや、先生たちみんなから「トッキーだ、トッキーだ」と、まるでアイドルのように愛されていて、お母さんも誇らしかったです。

だからこそ日常生活の苦しさも、必ず乗り越えると信じていました。予想通り、凱人自身が「自分にできること」へ目を向けるようになると、まるで羽が生えたように〝自由〟になっていったね。

友達が一斉に自転車で出かけるときも、一人だけ車いすに乗り、力一杯に車輪を押してみんなと楽しそうに走っていく——。お母さんは、その背中を見送りながら「凱人はもう、大丈夫だね」と確信しました。

そしてあなたは今、プロの車いすテニスプレーヤーとして、世界で羽ばたいています。

まだあなたがジュニア選手だったころ、親としてはもっと着実に実力をつけてほしいという願いもあって、けっこう口うるさかったよね。それでもあなたは、聞いているフリをしながら、聞き流していたのを知っています(笑)。

今こうして華々しい成績を残していく姿を見て、自分だけの「美学」を「貫き通す」ことの大切さを教えてもらいました。だから、あなたにしかなれないヒーロー像をこれからもどんどん追い求めていってください。そして、その先にある「小田凱人」を極めていってください。

母として、そして一人のファンとして、これからも応援しています。

お母さんより

おわりに

この本のなかで、僕はあえて深く掘り下げないようにしたテーマがある。

それは、「車いすテニスの面白さ」についてだ。

よく、「車いすテニスの魅力は何ですか?」という質問を受ける。もしかすると読者のなかには、この本を通じて「車いすテニスの面白さ」も知りたかった方もいるかもしれない。そんな期待をされた方には、少しがっかりさせたと思うが、それでも僕は本のなかでは触れたくなかった。それくらい、理由がはっきりしている。

もし僕にとって、車いすテニスの魅力を伝えられる言葉があるとしたら、たった一つだ。


「観に来ればわかる」

クサい台詞《せりふ》として受け取らないでほしいし、生意気な発言としても捉えてほしくない。純粋な気持ちとして、僕はこの言葉を伝えたいのだ。そして、実際に会場へ足を運び、その目で面白さを体感してほしい。だから僕は、みなさんに約束する。

「ぜったいに後悔はさせない」

パラスポーツ界の人気度や注目度は、年を追うごとに増している。とりわけ、車いすテニスの盛り上がりは目覚ましいものがある。

そこには、僕が生まれる以前から連綿《れんめん》と受け継がれる世代のバトンがある。僕もその一員としてバトンを受け継ぎ、大切に育んでいくことを決意する。さらなる活躍を志し、堂々と、華麗に、そして泥臭く……。

2024年6月

プロ車いすテニスプレーヤー　小田凱人

小田凱人 おだ・ときと
2006年5月8日生まれ。愛知県出身。9歳のときに骨肉腫になり車いす生活に。同じく9歳から車いすテニスを始め、数々の偉業を最年少で達成。2023年、全仏オープンでグランドスラム史上最年少優勝（17歳1か月2日）＆最年少世界ランキング1位（17歳1か月4日）を達成し、ウィンブルドンも制覇。名実共に、車いすテニス界の次代を担うトッププレイヤーとして国内外から注目されている。東海理化所属。世界シニアランキング1位、世界ジュニアランキング1位（2024年4月15日現在）。

I《あい》 am《あむ》 a《あ》 Dreamer《どりーまー》
最《さい》速《そく》で夢《ゆめ》を叶《かな》える逆境《ぎゃっきょう》思《し》考《こう》

2024年6月21日　初版発行

著者／小田凱人《おだときと》

発行者／山下直久

発行／株式会社KADOKAWA
〒102-8177 東京都千代田区富士見2-13-3
電話　0570-002-301（ナビダイヤル）

印刷所／TOPPAN株式会社

製本所／TOPPAN株式会社

ISBN 978-4-04-606749-4　C0095